アップルバターからタルト・タタン、アップルパイ、
シブースト、アップルクーヘン、りんご飴まで

りんごのお菓子づくり

Natural & Elegant Apple sweets

はじめに

値段が手ごろで、1年を通して手に入りやすく、生でも食べられるりんご。
総務省の家計調査（2023年）によると、
1年間で1世帯が支出する金額の多い果物の第2位が
りんごだそうです（第1位はバナナ）。

りんごは品種が多く、世界には約15,000種、
日本には約2,000種の品種があるといわれています。
品種によって、赤、青、緑、黄とさまざまな色があり、
甘いもの、甘酸っぱいもの、加熱してこそおいしいものなど、
味わいも豊富です。

りんごは甘みと酸味のバランスが絶妙で、
シャキシャキした食感があり、加熱しても果肉が崩れないため、
お菓子の材料にもってこいの素材です。

本書では、そんなりんごを使ったお菓子とその作り方をご紹介しています。
どのレシピも手順写真つきなので、
お菓子作り初心者の方でも安心してお作りいただけます。

マクロビオティックやヴィーガンをベースにした料理教室、
「roof」を主宰する今井ようこさんが作るのは、
卵、白砂糖、乳製品を使わない、体にやさしいお菓子。
ヴィーガンアップルバターや、ジャムやコンポートなどの
シンプルなものから、
スコーンやマフィン、タルトなどの秋から冬に食べたくなる焼き菓子、
発酵要らずのソーダブレッドや、
専門店で売っているようなりんご飴まで、
22種類のお菓子をご紹介しています。

フランス菓子の作り方をベースにしたお菓子教室、
「l'erable」を主宰する藤沢かえでさんには、
スパイスやハーブを使った、
華やかでエレガントなお菓子を提案していただきました。
そのまま食べてもおいしく、お菓子の素材にもなるジャムやコンポート、
ベーシックなパウンドケーキやタルト・タタン、ショートケーキ、
ヨーロッパの伝統菓子など、33種類をご紹介しています。

おすすめのりんごの品種を記載しているレシピもありますが、
手に入らなければ、他の品種で作っていただいても構いません。

日々のおやつやプレゼントとして、また、気分やシーンに合わせて、
りんごのお菓子作りをお楽しみください。

contents

002 はじめに

卵・白砂糖・乳製品なしの
りんごのナチュラルスイーツ
Natural Apple Sweets

008 ヴィーガンアップルバター
009 バニラりんごジャム
010 りんごのバニラコンポート
011 りんごのスパイス煮
012 りんごのロールスコーン
014 りんごのスイートポテト
016 りんごとキャラメルナッツのマフィン
018 りんごの薄焼き米粉タルト
019 米粉カスタードとりんごのポットパイ風
023 りんごのクランブルタルト
026 りんごのタタン風ケーキ
028 りんごのアーモンドケーキ
030 米粉のアップルターンノーバー
032 アップルクイックソーダブレッド
034 りんご飴
036 りんごの蜜煮チョコレートがけ
038 りんごのビネガーキャラメリゼソテー
040 豆乳バニラアイス
　　りんごの紅茶パンケーキ
042 りんごのスパイス煮と寒天のパフェ
043 りんごチップス
044 りんごと柚子、しょうがのシロップ
045 保存瓶の消毒　煮沸消毒／アルコール消毒
　　ジャムの保存方法
046 りんごについてのあれこれ
047 りんごの旬カレンダー
048 りんご図鑑

フランス菓子ベースの
エレガントなりんごのお菓子
Elegant Apple Sweets

052 りんごとバニラのコンポート	096 アップルクーヘン
053 りんごとバラのコンポート	098 りんごのラムボール
054 りんごのスパイスコンポート	099 りんごの山椒パフェ
りんごのシノワズリーコンポート	100 りんごのウェルシュケーキ
055 アップルバター	102 りんごの薄焼きパイ
056 りんごのプレーンジャム	104 りんごのソルベ
057 りんごとバラのジャム	105 りんごのグリエ
058 りんごとレモンとローズマリーのジャム	106 【りんごのナチュラルスイーツ】
りんごとしょうがとコリアンダーのジャム	基本の材料と少し珍しい材料
059 りんごのジャムのクレープ	107 【エレガントなりんごのお菓子】
060 りんごとバラのジャムのヴィエニーズワール	基本の材料と少し珍しい材料
062 2種のりんごのソテー	108 この本で使った基本の道具
りんごのキャラメルソテー／りんごのあっさりソテー	109 この本で使った主な型
065 りんごのキャラメルパウンドケーキ	110 卵・白砂糖・乳製品なしの
066 りんごのごろごろタタン	りんごのナチュラルスイーツ 今井ようこ
068 定番タルト・タタン	111 フランス菓子ベースの
071 りんごの3色タルト	エレガントなりんごのお菓子 藤沢かえで
074 アップルパイ	
076 タルト・ノルマンディー	
079 パンドジェンヌ	
080 りんごのシュトゥルーデル	
082 りんごとドライフルーツのクラシックケーキ	
084 りんごのシブースト	
085 りんごとスパークリングワインのムース	
090 りんごとローズマリーのクランブルチーズケーキ	
092 りんごのキャラメルクリームショートケーキ	

[この本のルール]

・大さじ1は15㎖、小さじ1は5㎖。

・オーブン使用の場合、電気でもガスでも本書のレシピ通りの温度と時間で焼いてください。ただし、メーカーや機種によって火力が違うので、様子を見ながら温度は5℃前後、時間は5分前後、調整してください。

・電子レンジは600Wのものを使用しています。500Wのものをお使いの場合は加熱時間を1.2倍にしてください。

・本書のりんごは国産のものを使用しています。

ヴィーガンアップルバター
→作り方はP8

バニラりんごジャム
→作り方はP9

卵・白砂糖・乳製品なしの
りんごのナチュラルスイーツ
Natural Apple Sweets

卵、白砂糖、乳製品を使わない、りんごのお菓子をご紹介します。甘みは、てんさい糖やメープルシロップ、オイルは、無臭ココナッツオイル、乳製品の代わりとして、豆乳や豆乳ヨーグルトを使っています。体に負担が少なく、素材の味を最大限に生かした毎日でも食べたくなるお菓子です。

りんごのスパイス煮
→作り方はP11

りんごのバニラコンポート
→作り方はP10

ヴィーガンアップルバター

アップルバターとは、りんごを煮詰めたペーストのこと。アメリカの家庭の味で、パンに塗るスプレッドとして親しまれています。家庭によって、使うりんごの種類や作り方はいろいろですが、ここでは、甘くてジューシーなシナノスイートを使いました。てんさい糖の量は、りんごの種類に合わせて調整してください。

材料　作りやすい分量

りんご（シナノスイート）
… 200g（芯を除いた正味）
＊シナノスイートがなければ他の品種でも可。

てんさい糖 … 60g

A　無臭ココナッツオイル … 大さじ3
　　無調整豆乳 … 小さじ1
　　レモン果汁 … 小さじ1/2
　　塩 … ひとつまみ

下準備

＊保存瓶を消毒する（P45）。

（保存期間）

・冷蔵庫で3〜4日間保存可能です。

作り方

1　りんごは皮をむいて芯を取り、2cmほどの角切りにする ⓐ。

2　鍋にりんごとてんさい糖を入れて中火にかける。沸騰したら弱火にし ⓑ、ふたをしてりんごが柔らかくなるまで10分ほど煮る。

3　2を容器に移し ⓒ、ハンドブレンダー（またはミキサー）で攪拌する。Aを加えてさらに攪拌する ⓓ。

4　粗熱が取れたら消毒した保存瓶に入れ、冷蔵庫で冷やす。

材料　作りやすい分量

りんご（紅玉）… 250g（芯を除いた正味）
＊紅玉がなければ他の品種でも可。

A　てんさい糖 … 大さじ5
　　レモン果汁 … 大さじ1
　　白ワイン … 大さじ1
　　（好みで）バニラビーンズ … 3cm（さやも使う）

下準備

＊保存瓶を消毒する（P45）。
＊バニラビーンズは、さやに切り目を入れ、種をかき出す。さやは取っておく。

（保存期間）
・冷蔵庫で4～5日間保存可能です。

作り方

1　りんごは、半分は皮つきのまま、残りの半分は皮をむいて、それぞれ芯を取り、厚さ2cmのいちょう切りにするⓐ。芯はお茶パックに入れる。

2　鍋に1とAを入れて中火にかけるⓑ。沸騰したら弱火にし、ふたをしてりんごが柔らかくなるまで15分ほど煮るⓒ。

3　なるべく皮のついていないりんごだけを木べらなどで粗くつぶしⓓ、さらに弱火で5分ほど煮る。

4　粗熱が取れたら消毒した保存瓶に入れ、冷蔵庫で冷やす。

バニラりんごジャム

酸味が強く、歯ごたえのある紅玉でバニラの香りのするジャムを作りました。ピンク色を出すために、りんごの半分は皮ごと煮ます。紅玉は出回る期間が短いのでご注意を。他のりんごで作る場合は、てんさい糖を少し増やすなどして調整してください。

りんごのバニラコンポート

バニラビーンズをふんだんに使った、紅玉のコンポートです。甘みはてんさい糖にメープルシロップを加えてやさしい味に仕上げています。

材料　作りやすい分量

りんご（紅玉）… 2個
＊紅玉がなければ他の品種でも可。

A　水 … 300㎖
　　白ワイン … 100㎖
　　てんさい糖 … 30g
　　メープルシロップ … 大さじ1
　　バニラビーンズ
　　　… 1/2本（さやも使う）

作り方

1　バニラビーンズは長さを半分に切り、さやに切り目を入れ、種をかき出す。さやは取っておく。

2　りんごは縦半分に切ってスプーンなどで芯をくり抜くⓐ。芯はお茶パックに入れるⓑ。

3　鍋に2とAを入れて中火にかけるⓒ。沸騰したら弱火にし、ふたをしてりんごが柔らかくなるまで15〜20分ほど煮る。

4　粗熱が取れたら消毒した保存瓶に入れ、冷蔵庫で冷やす。

(保存期間)
・冷蔵庫で4〜5日間保存可能です。

材料　作りやすい分量

りんご（ふじ）… 1個
＊ふじがなければ他の品種でも可。
A　てんさい糖 … 50g
　　水 … 100mℓ
　　レモン果汁 … 大さじ2
　　レーズン … 20g
　　シナモンスティック … 1/2本
　　カルダモン … 3粒
　　クローブ … 3粒
　　スターアニス … 1粒

作り方

1　りんごは皮をむいて幅2cmのくし形切りにし、芯を取る。芯と皮はお茶パックに入れるⓐ。

2　鍋に1とAを入れて火にかけるⓑ。沸騰したら弱火にし、ふたをして、りんごが透き通るまで15分ほど煮る。

3　粗熱が取れたら消毒した保存瓶に入れ、冷蔵庫で冷やす。

（保存期間）
・冷蔵庫で10日間保存可能です。

ふじは甘みが強く、酸味とのバランスが絶妙で、蜜もしっかり入っているのが特徴です。シナモン、カルダモン、クローブ、スターアニスの4種のスパイスで香りづけし、風味豊かに仕上げました。

りんごのスパイス煮

りんごのロールスコーン

材料 6個分

バニラりんごジャム（P9）… 200g
A 薄力粉 … 130g
　てんさい糖 … 15g
　ベーキングパウダー … 小さじ2
　塩 … ひとつまみ
B 植物性油 … 50㎖
　無調整豆乳 … 80㎖
　レモン果汁 … 小さじ1と1/2

下準備

＊オーブンを180℃に予熱する。
＊天板にオーブンシートを敷く。

作り方

1　ボウルにAを入れてゴムべらで均一になるように混ぜる。

2　別のボウルにBを入れて泡立て器でよく混ぜる。

3　1のボウルに2を入れてゴムべらで混ぜ、ひとまとめにするⓐ。

4　まな板に薄力粉（分量外）をふり、3をのせる。上下ⓑと左右ⓒから、それぞれ3〜4回ずつ折りたたむ。

5　4をめん棒で20×16㎝の長方形にのばすⓓ。

6　長い方を横にして、上2㎝程度を残してジャムを塗り広げ、手前から奥に向かって巻いていくⓔ。

7　6を6等分に切り分けてⓕ、天板にのせる。両端は切り口を上にするⓖ。180℃に予熱したオーブンで20分焼く。

バニラの香り豊かなりんごジャムをたっぷり巻き込んだスコーンです。軽い食べ心地になるように、粉は薄力粉だけ。りんごジャムを巻き込むとき、シナモンを少しふるのもおすすめです。

りんごのスイートポテト

成形なしで作る簡単スイートポテトです。
メープルシロップでやさしい甘みをつけました。
甘酸っぱい紅玉とさつまいもはベストマッチ。
仕上げに、かぼちゃの種とアーモンドスライスを散らすことで、
ワンランク上のおいしさになります。

材料 4個分

りんご(紅玉) … 1個
*紅玉がなければ他の品種でも可。

さつまいも … 400g

A てんさい糖 … 10g
　メープルシロップ … 大さじ1〜2
　無臭ココナッツオイル
　　… 大さじ1/2〜1
　無調整豆乳 … 大さじ1〜2
　塩 … 少々

メープルシロップ … 大さじ4

B メープルシロップ … 大さじ1
　かぼちゃの種 … 15g
　アーモンドスライス … 10g

下準備

* オーブンを180℃に予熱する。
* 天板にオーブンシートを敷く。
* ボウルにBを入れて混ぜる。

作り方

1　湯気の上がった蒸し器にさつまいもを皮付きのままのせ、竹串がすっと通るまで蒸す。ボウルに入れ、熱いうちにフォークでつぶす。Aを加えてゴムべらで混ぜ、なめらかにするⓐ。さつまいもの水分量や糖度によってなめらかさや甘みが変わるので、様子を見て豆乳やオイル、メープルシロップを加えて調整する。

2　りんごは厚さ2cmの輪切りにし、竹串などで種を取るⓑ。

3　天板に2のりんごを並べ、メープルシロップを大さじ1ずつかけてⓒ、180℃に予熱したオーブンで10〜15分焼く。

4　3に1を1/4量ずつこんもりと盛り、頭を少しくぼませ、形を整える。

5　4にBをのせⓓ、180℃に予熱したオーブンで10分焼く。

りんごと
キャラメルナッツの
マフィン

メープルシロップでキャラメリゼした
ビターな風味のくるみとヘーゼルナッツ、
フレッシュなりんごを混ぜ込んでマフィンを作りました。
カリカリした食感とりんごのジューシーさが味わえます。
生地は粉の風味が感じられるように
薄力粉に全粒粉をミックス。そこに豆腐を混ぜ込み、
焼き上がりがしっとり仕上がるようにしました。

材料 口径7.5cmのマフィン型6個分

りんご … 1/2個
＊品種は問わない。

A 薄力粉 … 180g
  全粒薄力粉 … 45g
  アーモンドプードル … 45g
  てんさい糖 … 75g
  ベーキングパウダー … 小さじ2

B 木綿豆腐 … 140g
  植物性油 … 大さじ5
  メープルシロップ … 大さじ3
  無調整豆乳 … 120mℓ

C くるみ、ヘーゼルナッツ
    … 合わせて100g
  メープルシロップ … 大さじ4

下準備

＊バットにざるを重ね、Bの木綿豆腐をペーパータオルで包んでのせる。重石をのせて30分ほどおき、水きりする。

＊オーブンを180℃に予熱する。

＊Aの薄力粉と全粒薄力粉を合わせてふるう。

作り方

1 フライパンにCのメープルシロップを入れて中火で煮詰め ⓐ、ふつふつと泡が立ってきたら、ナッツ類を入れてからめる ⓑ。

2 1をオーブンシートの上に広げ、冷めたら粗く刻む ⓒ。

3 りんごは6等分に切り、芯を取って横3等分に切る ⓓ。皮はむかない。

4 ボウルにAを入れてゴムべらで均一になるように混ぜる。

5 別のボウルにBを入れてハンドブレンダー（またはミキサー）で攪拌する。

6 4のボウルに5を入れてゴムべらでさっくりと混ぜ、2（飾り用に少量残しておく）を入れる。さらに混ぜ合わせる ⓔ。

7 型に6を八分目まで入れ、3のりんごを2個ずつ生地の中に入れる。残った6を入れ ⓕ、上に3のりんごと残しておいた2をのせる ⓖ。

8 180℃に予熱したオーブンで30分焼く。竹串をさして生地がついてこないか確認する ⓗ。竹串に生地がついたら様子を見ながらさらに3〜5分加熱する。

りんごの薄焼き米粉タルト

米粉をベースにした薄いタルト生地に、ヴィーガンアップルバターを塗り、薄切りにしたりんごをぎっしり並べて包んで焼きました。いくつでも食べられそうな、軽くてサクサクの食感が魅力です。

米粉カスタードとりんごのポットパイ風

米粉ベースの生地で作ったホットアップルパイです。サクサクの生地をスプーンで崩し、熱々の米粉カスタードクリームととろりとしたりんご、バナナをしっかりからめ、崩した生地にのせてお召し上がりください。

りんごの薄焼き米粉タルト

材料 25cmの正方形1枚分

ヴィーガンアップルバター（P8）
　　… 大さじ8
りんご（ふじ）… 1と1/2個
＊ふじがなければ他の品種でも可。
A｜米粉 … 120g
　｜アーモンドプードル … 50g
　｜片栗粉 … 20g
　｜てんさい糖 … 15g
　｜塩 … ふたつまみ
B｜無臭ココナッツオイル … 大さじ5
　｜メープルシロップ … 大さじ3
　｜無調整豆乳 … 大さじ3
てんさいグラニュー糖 … 適量

下準備
＊オーブンを190℃に予熱する。
＊天板にオーブンシートを敷く。

作り方

1　ボウルにAを入れてゴムべらで均一になるように混ぜる。

2　別のボウルにBを入れて泡立て器でよく混ぜる。

3　1のボウルに2を少量残して加え、ゴムべらで切るように混ぜるⓐ。生地がまとまってきたら手でこねながらひとまとめにするⓑ。まとまりにくいときは少量残した2を合わせる。

4　オーブンシートに3をのせ、ラップをかぶせて、めん棒で厚さ5mm、25cm四方の正方形にのばすⓒ。四つ角は、3cm程度少し薄めにのばす。

5　りんごは厚さ3mmの輪切りにし、芯を取るⓓ。

6　4に、周囲2cmを残してアップルバターを塗りⓔ、5を並べるⓕ。

7　縁を内側に折りたたむⓖ。

8　7にグラニュー糖をふりⓗ、190℃に予熱したオーブンで20〜25分焼く。

米粉カスタードと
りんごのポットパイ風

材料 直径10cmのココット2個分

りんご … 1/6（等分のくし形）×2個
＊品種は問わない。
バナナ … 厚さ1cmの輪切り8切れ
（好みで）ラム酒 … 適量

［米粉カスタードクリーム］
A 米粉 … 15g
　てんさい糖 … 15g
　メープルシロップ … 大さじ1と1/2
　バニラビーンズ … 1cm（さやも使う）
無調整豆乳 … 250g

［パイ風生地］
B 米粉 … 20g
　薄力粉 … 20g
　アーモンドプードル … 30g
　片栗粉 … 20g
　てんさい糖 … 15g
　ベーキングパウダー … 小さじ1/4
無臭ココナッツオイル … 大さじ2
水 … 大さじ2

下準備
＊オーブンを180℃に予熱する。
＊Aのバニラビーンズは、さやに切り目を入れて種をかき出す。さやは取っておく。

作り方

［米粉カスタードクリームを作る］

1　鍋にAと少量の豆乳を入れて全体になじませ、残りの豆乳も入れる。バニラビーンズはさやも入れるⓐ。

2　1を中火にかけ、ふつふつとしてとろみが出てきたら弱火にし、ふたはせず2〜3分ゴムべらで混ぜながら煮るⓑ。

［パイ風生地を作る］

3　ボウルにBを入れてゴムべらで均一になるように混ぜる。ココナッツオイルを加え、指先でぐるぐると混ぜ合わせ、粉とオイルがなじむように指先ですり合わせるⓒ。

4　ココナッツオイルが全体になじんだら水を入れ、手でこねながらひとまとめにするⓓ。オーブンシートの上に生地をのせ、ラップをかぶせる。めん棒で厚さ3mmの長方形にのばしⓔ、半分に切るⓕ。

5　ココットに2を100g入れ、くし形切りにしたりんご、輪切りにしたバナナを入れる。好みでラム酒を入れる。

6　5に4をかぶせ、周りをしっかり密着させるⓖ。180℃に予熱したオーブンで15分焼く。

5つの食感と味が楽しめるぜいたくなりんごのタルトです。薄力粉に全粒薄力粉をミックスしてサクッと仕上げたタルト生地に、酸味の効いた豆乳ヨーグルトフィリングとりんごのコンポートを入れ、仕上げに、口どけのよいほろほろのクランブルとカリッとしたりんごチップスをのせました。

りんごのクランブルタルト

りんごのクランブルタルト

材 料 直径18cmのタルト型1台分

りんごのバニラコンポート（P10）… りんご1個分
りんごチップス（P43）… 適量
［クランブル］
A 薄力粉 … 30g
　アーモンドプードル … 15g
　てんさい糖 … 15g
　カルダモンパウダー … 小さじ1/4
植物性油 … 大さじ1
［タルト生地］
B 薄力粉 … 90g
　全粒薄力粉 … 30g
　てんさい糖 … 15g
C 植物性油 … 大さじ3
　無調整豆乳 … 大さじ2
［豆乳ヨーグルトフィリング］
豆乳ヨーグルト … 500g（水きり後250g）
D レモン果汁 … 大さじ3と1/2
　てんさい糖 … 大さじ3
　メープルシロップ … 大さじ3
　粉寒天 … 小さじ1
　バニラビーンズ … 1cm

下準備

* ボウルにざるとペーパータオルを重ね、豆乳ヨーグルトを入れて冷蔵庫でひと晩おき、半量の250gになるまで水きりする。
* 水きりした豆乳ヨーグルトは室温に戻す（冷たすぎると作り方10でフィリングが固まってしまう）。
* オーブンを170℃に予熱する。
* 天板にオーブンシートを敷く。
* りんごのバニラコンポートを8等分に切り、ペーパータオルにのせて水けをきる ⓐ。

作り方

[クランブルを作る]

1 ボウルにAを入れ、植物性油を少しずつ加えながら指先で油を全体に散らすようにぐるぐると混ぜて⑥、そぼろ状にする⑥。まとまりが悪いようなら油を少量加える。

2 天板に1を広げ、170℃に予熱したオーブンできつね色になるまで15〜20分焼く。

[タルト生地を作る]

3 オーブンを再度170℃に予熱する。ボウルにBを入れてゴムべらで均一になるように混ぜる。

4 別のボウルにCを入れ、泡立て器でよく混ぜる。

5 3のボウルに4を少量残して加え、ゴムべらで混ぜる。生地がまとまってきたら手でひとまとめにする。まとまりにくいときは残した4を合わせる。

6 オーブンシートに5をのせ、ラップをかぶせてめん棒で直径20cmの丸形にのばす⑥。

7 型に6を敷き、めん棒を型の上で転がして縁からはみ出した生地を切る。隙間ができないように指先で縁に生地を沿わせる⑥。底全体にフォークで穴を開ける。

8 7の生地を170℃に予熱したオーブンで20〜25分焼き、粗熱を取る。

[豆乳ヨーグルトフィリングを作る]

9 鍋にDを入れて中火にかける。ふつふつとしてきたら弱火にし、ゴムべらで混ぜながら1分ほど加熱する⑥。バニラビーンズを取り出す。

10 ボウルに水きりした豆乳ヨーグルトと9を入れ、ハンドブレンダー（またはミキサー）で攪拌する⑥。

11 8に10のフィリングを八分目まで流し入れ、りんごのバニラコンポートを並べる⑥。残りの10をのせてゴムべらで全体に広げ⑥、冷蔵庫で冷やす。

12 11に2のクランブルをのせ、りんごチップスを飾る。

フランスの伝統菓子、タルト・タタン。
ここでは無臭ココナッツオイルを使うことで、
バターに負けない深みのある味わいを目指しました。
ジンジャーとナツメグの香りをほのかに効かせたアーモンドケーキの上に、
キャラメリゼした紅玉をぎっしり敷き詰め、焼き込みました。
少しビターなタタン風ケーキの完成です。

りんごのタタン風ケーキ

材料　縦15×横7×高さ6cmのパウンド型1台分

りんご（紅玉）… 300g（芯を除いた正味）
＊紅玉がなければ他の品種でも可。

A｜メープルシロップ … 大さじ3
　｜植物性油 … 大さじ1

シナモンパウダー … 小さじ1/2

B｜薄力粉 … 70g
　｜アーモンドプードル … 40g
　｜てんさい糖 … 25g
　｜ベーキングパウダー … 小さじ1
　｜ジンジャーパウダー … 小さじ1/4
　｜ナツメグ … 小さじ1/8

C｜無臭ココナッツオイル … 大さじ2
　｜メープルシロップ … 大さじ1
　｜無調整豆乳 … 50ml

くるみ … 20g

下準備
＊くるみは130℃に予熱したオーブンで8〜10分ローストして、粗く刻む。
＊型にオーブンシートを敷く。

作り方

1　りんごは皮をむいて幅3〜4cmのくし切りにし、芯を取るⓐ。

2　フライパンにAを入れて中火にかける。ふつふつとしてきたらⓑ、1のりんごを並べる。時々返しながら、全体が飴色になるまで焼くⓒ。シナモンパウダーをふり入れて混ぜ合わせる。

3　2の粗熱が取れたら型に並べるⓓ。オーブンを170℃に予熱する。

4　ボウルにBの薄力粉をふるい入れ、他の材料も入れてゴムべらで均一になるように混ぜる。

5　別のボウルにCを入れて泡立て器でよく混ぜる。

6　4のボウルに5とローストしたくるみを入れ、ゴムべらで粉けがなくなるまで混ぜるⓔ。

7　3の型に6を入れて表面を平らにならすⓕ。170℃に予熱したオーブンで35〜45分焼く。

8　粗熱が取れたら上下を返して型からはずし、冷ます。

— 027 —

りんごのアーモンドケーキ

薄切りにしたりんごの上に生地をのせて焼くだけの簡単おやつです。加熱したりんごからジュワッとあふれ出る果汁とアーモンドプードルをベースにしたコクのある生地が楽しめます。

材料 直径15cmの円形のスキレット2台分

りんご … 200g（芯を除いた正味）
＊品種は問わない。
A アーモンドプードル … 70g
　薄力粉 … 35g
　てんさい糖 … 10g
　ベーキングパウダー … 小さじ1と1/2
B 植物性油 … 30mℓ
　メープルシロップ … 30mℓ
　無調整豆乳 … 30mℓ
メープルシロップ … 大さじ1
てんさい糖 … 適量

下準備
＊オーブンを180℃に予熱する。

作り方

1. りんごは芯を取り、厚さ5mmのくし形切りにするⓐ。皮はむかない。
2. ボウルにAを入れてゴムべらで均一になるように混ぜる。
3. 別のボウルにBを入れて泡立て器でよく混ぜる。
4. 2のボウルに3を入れ、ゴムべらでよく混ぜ合わせるⓑ。
5. 4をスキレットの2/3ほどまで入れ、底に広げる。
6. 5にりんごを並べるⓒ。
7. 残りの4を入れ、全体に広げるⓓ。
8. メープルシロップを全体にかけⓔ、180℃に予熱したオーブンで20～25分焼く。仕上げにてんさい糖をふる。

米粉のアップルターンノーバー

米粉とアーモンドプードルを使ったサクサクの生地でりんごとレーズンを包んだお菓子です。ジューシーなりんごとシナモンが香るレーズンは、間違いのない組み合わせ。仕上げにグレーズをかけることで、りんごの甘酸っぱさが引き立ちます。

材料 6個分

りんご … 120g（芯を除いた正味）
＊品種は問わない。

A てんさい糖 … 大さじ1
　レモン果汁 … 小さじ1/2

B 米粉 … 120g
　アーモンドプードル … 50g
　片栗粉 … 20g
　てんさい糖 … 15g
　塩 … ふたつまみ

C 無臭ココナッツオイル
　　… 大さじ5
　メープルシロップ … 大さじ3
　無調整豆乳 … 大さじ3

D レーズン … 10g
　パン粉 … 大さじ3
　シナモンパウダー … 小さじ1

［グレーズ］

E てんさい糖（粉末タイプ）
　　… 60g
　無調整豆乳 … 大さじ1

下準備

＊オーブンを180℃に予熱する。
＊天板にオーブンシートを敷く。

作り方

1　りんごは芯を取り、厚さ2〜3mmのいちょう切りにしてボウルに入れ、Aを加えてからめる。皮はむかない。

2　ボウルにBを入れてゴムべらで均一になるように混ぜる。

3　別のボウルにCを入れて泡立て器でよく混ぜる。

4　2のボウルに3を少量残して加え、ゴムべらで切るように混ぜる。

5　生地がまとまってきたら手でこねながらひとまとめにするⓐ。まとまりにくいときは、少量残した3を合わせる。

6　5を6等分にし、正方形に整える。オーブンシートにのせ、ラップをかぶせるⓑ。めん棒で厚さ3mmの正方形になるようにのばすⓒ。

7　1のボウルにDを加え、均一になるように混ぜるⓓ。

8　6の生地に7をのせてⓔ、三角に折りたたむⓕ。

9　生地の縁を手で押しつけて閉じるⓖ。180℃に予熱したオーブンで15分焼き、粗熱を取る。

［グレーズを作る］

10　ボウルにEを入れて湯煎にかけ、スプーンで混ぜて砂糖を溶かし、なめらかにするⓗ。

11　9に10のグレーズをかけるⓘ。

小麦粉とフレッシュなりんごを混ぜて焼くだけのおやつパン。甘酸っぱい紅玉と香ばしいくるみとピスタチオがぎゅっと詰まっています。上に散らすオートミールのプチプチした食感がポイント。何もつけなくてもおいしく食べられます。

アップルクイックソーダブレッド

材料　1個分

りんご（紅玉）… 80g（芯を除いた正味）
＊紅玉がなければ他の品種でも可。

A｜薄力粉 … 180g
　｜全粒薄力粉 … 70g
　｜てんさい糖 … 40g
　｜ベーキングパウダー（または重曹）
　｜　… 大さじ1
　｜塩 … ひとつまみ

B｜サルタナレーズン … 40g
　｜くるみ … 30g
　｜ピスタチオ … 25g

豆乳ヨーグルト … 180〜200mℓ
オートミール … 適量

下準備

＊オーブンを180℃に予熱する。
＊Aの薄力粉をふるう。
＊Bのくるみとピスタチオを粗く刻む。
＊天板にオーブンシートを敷く。

作り方

1　ボウルにAを入れてゴムべらで均一になるように混ぜる。

2　りんごは皮はむかずに芯を取り、小さめのいちょう切りにするⓐ。

3　1のボウルに豆乳ヨーグルトを少量残して入れ、ゴムべらで切るように混ぜるⓑ。半分ほどまとまったら、Bとりんごを入れて手で混ぜ合わせⓒ、ひとまとめにする。まとまりにくいときは残した豆乳ヨーグルトを合わせる。

4　天板に3をのせ、オーバル形に整え、薄力粉少量（分量外）とオートミールをふるⓓ。180℃に予熱したオーブンで35〜40分焼く。

りんご飴

小ぶりな姫りんごはかじりやすく、飴にもからめやすいので、りんご飴にぴったりです。
てんさいグラニュー糖のあっさりしたやさしい飴が、りんごの甘さと香りを引き立てます。
しゃくしゃくとした食感をお楽しみください。

りんご飴

材料 5〜6個分

姫りんご（アルプス乙女）…5〜6個
A てんさいグラニュー糖…100g
　　水…40㎖

作り方

1　小鍋にAを入れて中火にかける。ふたはせずふつふつとしている状態で7〜8分加熱し、てんさいグラニュー糖を溶かすⓐ。途中で混ぜないこと。

2　りんごに竹串を刺すⓑ。

3　水（分量外）を入れた小さなボウルを用意し、竹串の先端に1の飴をつけて水に浸し、固まるかどうか確かめるⓒ。固まっていなければ、もう少し火を入れる。

4　1の鍋を傾けて2のりんごを飴にからめるⓓ。何度もつけず、一度だけつけてからめるときれいに仕上がる。

りんごの蜜煮 チョコレートがけ

ブランデーを香らせて蒸し煮にしたりんごを、オーブンでセミドライにローストしました。そのままでもおいしいですが、ビターなチョコレートをかけることで、よりおいしくなります。甘めのシナノスイートで作りましたが、酸味の強い紅玉で作ると、違った味わいが楽しめます。

材料 りんご1個分

りんご（シナノスイート）…1個
＊シナノスイートがなければ他の品種でも可。
A てんさい糖…40g
　　レモン果汁…大さじ1
ブランデー…大さじ1〜2
チョコレート（乳不使用）…適量

下準備

＊オーブンを100℃に予熱する。
＊天板にオーブンシートを敷く。

作り方

1　りんごは厚さ2cmのくし形切りにして芯を取る。皮はむかない。

2　りんごにAをからめ、大きめの鍋にりんごが重ならないように入れる。

3　2を弱火にかけ、ふたをしてりんごが柔らかくなるまで10〜15分煮るⓐ。途中、上下を返す。

4　3にブランデーを入れ、ふたはせず水分がなくなるまで煮る。

5　天板に4を並べ、100℃に予熱したオーブンで40〜60分焼いて乾燥させる。粗熱を取るⓑ。

6　チョコレートを湯煎で溶かすⓒ。りんごの端を持ってチョコレートをつけⓓ、固まったら竹串を刺す。

りんごのビネガーキャラメリゼソテー

材料　りんご1個分

りんご（ふじ）… 1個
＊ふじがなければ他の品種でも可。
メープルシロップ … 大さじ3
A 無臭ココナッツオイル … 大さじ1
　 赤ワインビネガー … 大さじ2
［トッピング用］
豆乳バニラアイス（P40）… 適量

作り方

1　りんごは6等分のくし形切りにし、芯を取る。皮はむかない。

2　フライパンにメープルシロップを入れて中火にかけ、ふつふつとしてきたらⓐ、りんごとAを入れる。

3　りんごの上下を返しⓑ、ふたはせず周りが少し柔らかくなるまで煮る。

4　器に盛り、豆乳バニラアイスを添える。

キャラメリゼして香ばしさを出したメープルシロップと酸味の効いた赤ワインビネガーでソテーした、大人っぽい味のりんごのお菓子。熱々のりんごソテーに冷たい豆乳バニラアイスをからめて食べます。お好みでシナモンをふってもいいでしょう。トーストにのせて食べるのもおすすめです。

［豆乳バニラアイス］

ココナッツミルクの豆乳バニラアイスです。粉寒天でとろみをつけました。ココナッツの風味豊かでリッチな味わいが楽しめます。焼きりんごとも相性抜群です。

材料 作りやすい分量

無調整豆乳 … 500㎖
ココナッツミルク … 125㎖
メープルシロップ … 大さじ5
てんさい糖 … 大さじ3
バニラビーンズ … 4㎝
粉寒天 … 小さじ1と1/4

作り方

1　バニラビーンズのさやに切り込みを入れ、種をかき出す。さやは取っておく。

2　鍋にすべての材料を入れ（バニラビーンズのさやも入れる）、ひと混ぜし、中火にかける。沸騰したらすぐに弱火にし、ふたはせずに1分加熱する。

3　2をボウルなどに移して冷ます。

4　3からバニラビーンズのさやを取り出す。ハンドブレンダー（またはミキサー）でなめらかになるまで攪拌する。

5　4を保存容器に移し、冷凍庫で冷やし固める。途中、何度か空気を入れるようにハンドブレンダーで攪拌する。ハンドブレンダーがない場合はスプーンでよく混ぜる。

（保存期間）
・冷凍庫で2週間保存可能です。

りんごの紅茶パンケーキ

薄力粉と全粒薄力粉を半々ずつミックスし、粉の味をしっかり味わえるパンケーキを作りました。水分は豆乳ヨーグルトにして、ややもっちりした食感に。生のりんごで作るので、シャキシャキ感とジューシーさが楽しめます。豆乳ヨーグルトクリームと一緒に食べると、濃厚な味わいに。お好みでシナモンをふってもいいでしょう。

材料 直径20㎝のもの3枚分

りんご … 1/2個
＊品種は問わない。

A 薄力粉 … 50g
　全粒薄力粉 … 50g
B てんさい糖 … 20g
　ベーキングパウダー … 小さじ1/2
　好みの紅茶の茶葉 … 小さじ1
豆乳ヨーグルト … 200g

［豆乳ヨーグルトクリーム］

豆乳ヨーグルト … 200g（水きり後100g）
C てんさい糖 … 20g
　無臭ココナッツオイル … 25㎖
　塩 … ふたつまみ
メープルシロップ … 適量

下準備

＊ボウルにざるとペーパータオルを重ね、豆乳ヨーグルトクリーム用の豆乳ヨーグルトを入れて冷蔵庫でひと晩おき、半量の100gになるまで水きりする。

作り方

1　豆乳ヨーグルトクリームを作る。ボウルに水きりした豆乳ヨーグルトとCを入れ、ハンドブレンダー（またはミキサー）でなめらかになるまで撹拌する。

2　ボウルにAをふるい入れ、Bを加えてゴムべらで均一になるように混ぜる。

3　2に豆乳ヨーグルトを加え、ゴムべらで切るように混ぜてなめらかにするⓐ。

4　りんごは、9等分のくし形切りにし、芯を取る。皮はむかない。

5　フライパンに植物性油大さじ1（分量外）をひいて中火で熱し、4のりんごを3枚入れ、両面を軽く焼く。

6　りんごをフライパンの中央に寄せⓑ、3の生地の1/3量をりんごの上にのせⓒ、均一に広げるⓓ。

7　側面が乾いてきたら裏返し、2分ほど焼く。

8　器に盛り、豆乳ヨーグルトクリームを添え、メープルシロップをかける。

りんごのスパイス煮と
寒天のパフェ

香り高いりんごのスパイス煮と甘く味付けしていない寒天、豆乳バニラアイスで和風のパフェを作りました。熱い煎茶やほうじ茶とよく合います。

りんごチップス

材料 作りやすい分量

りんご … 好みの分量
＊品種は問わない。

下準備

＊オーブンを100℃に予熱する。
＊天板にオーブンシートを敷く。

作り方

1　りんごを厚さ2mmの輪切りにし、種を取る。皮はむかない。

2　天板に1のりんごを並べて、100℃に予熱したオーブンで乾燥するまで30〜40分焼く。

りんごを薄切りにして、オーブンでカリカリに焼くだけ。りんごがたくさん手に入ったら、ぜひ作ってみてください。おやつとしてそのまま食べておいしいのはもちろん、アイスクリームやパフェに添えたり、お酒のお供にしたりするのもおすすめです。

材料　作りやすい分量

りんごのスパイス煮（P11）
　　… 好みの分量
［寒天］
A 粉寒天 … 小さじ1/2
　水 … 300mℓ
レーズン … 適量
豆乳バニラアイス（P40）… 適量
りんごチップス（右記）… 適量

作り方

1　鍋にAを入れて中火にかける。沸騰したらすぐに弱火にし、ふたはせず2分加熱する。

2　1をバットに移して冷ますⓐ。固まったら好みの大きさに切る。

3　器に2の寒天、レーズン、りんごのスパイス煮、豆乳バニラアイスを入れる。上にりんごチップスを添える。

— 043 —

りんごと柚子、しょうがのシロップ

ビタミンCや血流促進効果のあるリモネンが含まれている柚子、体を温めるしょうが、食物繊維豊富なりんごで作るシロップは、季節の変わり目や、体調を崩しやすい秋冬におすすめです。お湯や炭酸水で割ったり、緑茶や紅茶に入れたり、ヨーグルトと混ぜて食べてもいいでしょう。

材料 作りやすい分量

りんご … 1/2個
＊品種は問わない。
柚子 … 1/2個
しょうが … 1かけ
はちみつ（またはメープルシロップ）
　… 大さじ3

作り方

1. りんごは厚さ2cmのくし形切りにし、芯を取って横半分に切る。皮はむかない。
2. 柚子は半分に切り、果肉と皮に分け、皮についたワタはスプーンでそぎ落とすⓐ。皮はせん切りにし、果肉は果汁を搾る。しょうがは皮つきのまま薄切りにする。
3. 鍋にすべての材料を入れ、中火にかける。ふたをして3～5分煮るⓑ。
4. グラスに入れ、お湯や紅茶などを注ぐ。

保存瓶の消毒

[煮沸消毒]

1. 鍋に、洗剤でよく洗った保存瓶を入れ、瓶がしっかりかぶるくらいたっぷりの水をはり、火にかけるⓐ。沸騰したら5分ほど煮沸する。
2. 軍手をし、清潔なトングを使い瓶の口を下にして取り出すⓑ。
3. 乾いた清潔な布巾の上に瓶の口を上にして置き、自然乾燥させるⓒ。
4. 鍋に湯を沸かす。保存瓶のふたとジャムなどを瓶に移すスプーンを熱湯に5秒ほどぐぐらせⓓ、乾いた布巾の上に置き、自然乾燥させる。

[アルコール消毒]

瓶が大きくて煮沸消毒できない場合は、ペーパータオルやさらしにホワイトリカーをつけて保存瓶をふく。ふたの裏や口のまわりも念入りに。

ジャムの保存方法

1. 保存瓶を煮沸消毒する（左記参照）。
2. 保存瓶が温かいうちに、90℃以上のジャムなどを瓶の9割まで詰め、すぐにふたを閉めて1分待つ。瓶が汚れたらホワイトリカーでふき取るⓐ。
3. 一瞬ふたをゆるめ（ふたを開けすぎないこと）、空気が抜ける音がしたら、すぐにふたを閉め直し、そのまま冷ますⓑ。
4. 長期保存する場合は、鍋に湯を沸かし、ジャムなどの入った瓶を入れて20分以上煮沸する。さびの原因になるため、ふたが湯につからないようにするⓒ。
5. トングで瓶を取り出し、瓶の口を上にして、冷ます。

りんごについてのあれこれ

○ りんご豆知識

りんごは人類が食した最古の果物といわれています。古くから世界中で栽培されており、トルコでは、約8,000年前のりんごが炭化された状態で発見されました。原産地は中央アジアの寒冷地で、日本には平安時代以降に中国から「ワリンゴ」という酸味の強い小さなりんごが伝わりました。明治時代になり、アメリカから「西洋りんご」の苗木が持ち込まれ、現在の大きなりんごが栽培されるようになりました。りんごは涼しい気候を好み、日本では、青森県、長野県、岩手県などで栽培されています。

○ りんごの栄養

欧米には「1日1個のりんごは医者要らず」ということわざがあります。栄養価が高く、健康や美容、ダイエットに役立つとされる成分が多く含まれています。血糖値の急激な上昇を抑えてくれる水溶性食物繊維、体内の塩分を排出するカリウム、体内の活性酸素を除去するポリフェノール、解熱作用のあるりんご酸などです。

おいしいりんごの見分け方は、色や形がよく、果肉がしまっていて、つるが太くて持ったときに重いもの。りんごの蜜は、果実が熟すのに伴って、葉から運ばれたソルビトール（糖とアルコールがくっついた物質）が果糖やショ糖に変わることができなくなり、細胞の間に染み出したもの。蜜自体が甘いわけではありませんが、たくさんの蜜が入った実は、甘くて、香りがよく、味もよいとされています。

○ 保存方法

- 乾燥を防ぐため、新聞紙やペーパータオルに包んでからポリ袋に入れてしっかり口を閉じて密封し、冷蔵庫の野菜室で保存します。2カ月間保存できます。

- りんごからはエチレンガスが出ます。そのため、むき出しのまま冷蔵庫に入れると、ほかの食材の熟成を進め、傷みを早めてしまいます。

- 野菜室が空いていない場合は、直射日光が当たらず、風通しのよい冷暗所で常温保存しましょう。暖房の効いた室内で保存しないように注意してください。

- りんごは低温多湿を好む果物で、保存適正温度は0～5℃です。18℃以上になると傷みやすくなるので、初夏から夏、初秋はなるべく、冷蔵庫の野菜室で保存するようにしてください。

- りんごが大量にある場合は、段ボール箱にりんごと新聞紙を交互に重ねて入れ、最後は新聞紙でふたをしておおい、冷暗所で保存します。

- 切ったりんごは冷凍すると1カ月保存できます。

りんごの旬カレンダー　りんごの品種ごとに出回り時期の目安を示しています。

品種	1月	2月	3月	4月	5月	6月	7月	8月	9月	10月	11月	12月
あいかの香り											■	
あかね									■			
秋映										■		
いろどり										■		
炎舞											■	
王林											■	■
きおう								■	■			
金星	■	■	■	■							■	■
グラニースミス											■	
紅の夢	■										■	
紅ロマン									■			
紅玉	■	■	■	■						■	■	■
さんさ								■	■			
シナノゴールド	■	■	■	■	■	■					■	■
シナノスイート										■	■	
新世界									■	■	■	
世界一										■		
千秋									■	■		
つがる（サンつがる）								■	■			
トキ										■		
なかのきらめき										■	■	
ななみつき											■	■
はつ恋ぐりん	■									■	■	■
はるか											■	■
ピンクレディー	■	■	■	■								■
姫りんご（アルプス乙女）										■	■	
あおもり乙女（ミニふじ）											■	
ふじ	■	■	■	■	■	■	■	■	■	■	■	■
サンふじ	■	■	■	■	■	■					■	■
北斗										■	■	
星の金貨	■	■	■	■	■	■					■	■
美丘	■	■	■								■	■
陸奥	■	■	■	■						■	■	■
名月（ぐんま名月）										■	■	■
陽光										■	■	

りんご図鑑

りんごは国産のものだけで約2,000もの品種があるといわれています。ここでは、入手しやすい一般的なものから、希少品種まで、20種類のりんごについて、産地、旬の時期、特徴をご紹介します。

参考：『からだにおいしいフルーツの便利帳』（高橋書店）、『図説　果物の大図鑑』（マイナビ出版）

【あいかの香り】
主な産地：長野県、青森県
旬の時期：11月上旬
特徴：糖度14％と甘みが強く、酸味が少ないのが特徴。さわやかな香りで果汁が多く、歯ごたえはしゃきしゃきしている。

【いろどり】
主な産地：長野県
旬の時期：10月下旬
特徴：紅玉とピンクパールの交配品種。果肉もピンク色。ほどよく甘く、果汁たっぷりでシャクシャクした食感が特徴。後味に少し渋みがある。

【王林】
主な産地：長野県、青森県
旬の時期：10月下旬〜12月下旬
特徴：糖度15％と甘みが強く、さっぱりしている。酸味は弱めで、甘くさわやかな香りが特徴。果肉は柔らかめなので、早めに食べるのがおすすめ。

【グラニースミス】
主な産地：オーストラリア、長野県、福島県
旬の時期：11月中旬
特徴：青りんごの代表種。甘みはほぼなく、かなり酸味が強い。煮崩れしにくいため、加工用として重宝する。日本での生産量は少ない。

【紅の夢】
主な産地：青森県
旬の時期：10月下旬〜1月下旬
特徴：弘前大学が作った果肉もピンク色のりんご。酸味が強く、お菓子の材料向き。渋みは少ないので、生食も可能。

【紅玉】
主な産地：アメリカ、青森県、長野県
旬の時期：10月中旬〜4月下旬
特徴：酸味が強く、芳香もあり、果汁も豊富で、果肉は煮崩れしにくい。お菓子作りに向いている品種。出回る時期が短いので、買い逃さないよう注意。

【シナノゴールド】
主な産地：青森県、長野県、岩手県
旬の時期：10月下旬〜6月下旬
特徴：皮は黄色。甘みも酸味もしっかりあり、ジューシーで味が濃い。シャクシャクした歯ごたえと、柑橘を思わせる芳香が魅力。

【シナノスイート】
主な産地：長野県、青森県、秋田県、山形県
旬の時期：10月中旬〜11月上旬
特徴：ふじとつがるの交配でいいとこどりの品種。甘みが強く、ほどよい酸味もある。シャキッとした食感で果汁が多く、香りもよい。

【トキ】
主な産地：長野県、青森県、秋田県、山形県
旬の時期：10月中旬〜11月上旬
特徴：ふじと王林の交配で作られた品種。皮は全体が黄色で一部が赤い。ひと口食べるとしたたるほど果汁が豊富。甘みが強く、酸味は弱めで、シャキシャキした食感。

【ななみつき】
主な産地：北海道
旬の時期：11月中旬〜12月上旬
特徴：北海道亀田郡七飯町で生産されたブランド。品種はぐんま名月。甘くて、シャキシャキした食感が特徴。

【はつ恋ぐりん】
主な産地：青森県
旬の時期：10月下旬〜1月下旬
特徴：酸味の強いグラニースミスを8割、レイ8を2割で交配した品種。独特な香りがあり、甘酸っぱい。お菓子の材料にも適している。

【ピンクレディー】
主な産地：西オーストラリア原種、長野県
旬の時期：11月下旬〜3月下旬
特徴：日本ピンクレディー協会の会員農家のみが作れる品種。果汁は少なめで、皮が薄く、シャキッとした食感。煮崩れしにくくお菓子の素材にも適している。

【姫りんご（アルプス乙女）】
主な産地：長野県、青森県
旬の時期：10月中旬〜10月下旬
特徴：ピンポン玉大の小ぶりなりんご。甘みが強く、酸味は弱め。果皮は光沢がある濃い赤色。りんご飴によく使われる。

【あおもり乙女（ミニふじ）】
主な産地：青森県
旬の時期：10月下旬〜11月中旬
特徴：直径4〜5cmとこぶりな品種。「ミニふじ」の名前でも出回っている。酸味が弱く、甘みが強い。青森県三戸郡三戸町の水野家のみで栽培されている希少品種。

【ふじ】
主な産地：青森県、長野県
旬の時期：通年
特徴：日本を代表する品種で、今やアメリカや中国などでも生産されている。果汁たっぷりで、シャキシャキした食感が特徴。糖度13〜14％と甘みが強く、酸味は弱め。

【サンふじ】
主な産地：青森県、山形県、岩手県
旬の時期：通年
特徴：ふじを袋をかけずに栽培したもの。その分、日の光をいっぱい浴びて育つので、甘さや香りがふじよりも強いのが特徴。

【北斗】
主な産地：青森県、岩手県
旬の時期：11月中旬〜12月下旬
特徴：果汁が多く、蜜も豊富。甘みと酸味のバランスの良さが特徴。芯にカビが発生することがあるが、味に影響はなく、取り除けば問題なく食べられる。

【星の金貨】
主な産地：青森県
旬の時期：10月下旬〜6月中旬
特徴：ふじとあおり3号の交配により誕生。糖度15〜16％と甘みが強く、ジューシー。フローラルな香りで、皮が薄くて食べやすい。

【美丘（みおか）】
主な産地：青森県
旬の時期：11月上旬〜3月下旬
特徴：ふじと世界一の交配により誕生。大ぶりで重量感があり、香りが高い。「食べるりんごジュース」といわれるほど果汁が多い。生産者の少ない希少品種。旧名はさしゃ。

【名月（ぐんま名月）】
主な産地：群馬県、青森県
旬の時期：10月中旬〜12月中旬
特徴：国光や紅玉の遺伝子を受け継いだ品種。甘みが強くてみずみずしく、食感はシャキシャキ。群馬県産を「ぐんま名月」、その他で栽培されたものを「名月」という。

フランス菓子ベースの
エレガントな
りんごのお菓子

Elegant Apple Sweets

りんごのシノワズリー
コンポート
→作り方はP54

りんごのスパイス
コンポート
→作り方はP54

りんごとバニラの
コンポート
→作り方はP52

りんごとバラの
コンポート
→作り方はP53

りんごの
コンポート4種

タルト・タタンやアップルパイ、アップルクーヘンなどの定番から、オーストリアの伝統菓子シュトゥルーデルや、フランスの伝統菓子シブーストまで、卵や生クリーム、砂糖をたっぷり使ったリッチな味わいのりんごのお菓子をご紹介します。スパイスやハーブ、ローズエッセンス、りんごのお酒カルヴァドスを使い、大人っぽい味に仕上げています。

スプレッドと
ジャム4種

アップルバター
→作り方はP55

りんごとバラのジャム
→作り方はP57

りんごとレモンと
ローズマリーのジャム
→作り方はP58

りんごとしょうがと
コリアンダーのジャム
→作り方はP58

りんごのプレーンジャム
→作り方はP56

りんごとバニラのコンポート

スキッとした白ワインとバニラビーンズで煮たりんごのコンポートです。芯を一緒に煮ることで、とろみをつけるペクチンがしっかり抽出できます。あっさり仕上げたい場合は、入れなくてもいいでしょう。

材料 作りやすい分量

りんご … 2個
＊品種は問わない。
A グラニュー糖 … 200g
　　白ワイン … 200g
　　水 … 400g
　　レモン果汁 … 10g
バニラビーンズ … 5cm

下準備

＊保存瓶を消毒する（P45）。

作り方

1 りんごは皮をむいて6〜8等分のくし形切りにし、芯を取るⓐ。芯は取っておく。

2 鍋にAを入れて火にかけ、グラニュー糖を溶かす。

3 バニラビーンズは、さやに切り目を入れて種をかき出し、さやごと鍋に入れるⓑ。

4 3に1のりんごと芯を入れⓒ、ペーパータオルで落としぶたをして弱めの中火で20分煮るⓓ。

5 りんごが半透明になり、柔らかくなったら火を止めてそのまま冷ますⓔ。

6 芯は取り出し、シロップごと消毒した瓶に入れる。

(保存期間)

・冷蔵庫で4〜5日間、冷凍庫で3カ月間保存可能です。

りんごとバラの コンポート

ローズティー用のドライローズとローズエッセンスで香りづけした、うっとりするようなコンポートです。
バラの香りと相性のいい紅玉で作ります。
りんごの皮も一緒に煮出すことで、かわいらしいピンク色に仕上がります。

材料 作りやすい分量

りんご（紅玉）… 2〜3個（400g）
＊紅玉がなければ他の品種でも可。

A グラニュー糖 … 200g
   白ワイン … 100g
   水 … 500g
   レモン果汁 … 10g

B ローズティー用ドライローズ … 5個
   ローズエッセンス … 10滴

下準備

＊保存瓶を消毒する（P45）。

作り方

1 りんごは皮をむいて6〜8等分のくし形切りにし、芯を取る。皮と芯は取っておく。

2 鍋にAを入れて火にかけ、グラニュー糖を溶かす。

3 2に1のりんごと芯と皮を入れ、ペーパータオルで落としぶたをして弱めの中火で20分煮る。

4 火を止めてBを入れ、そのまま冷ます ⓐ。

5 芯と皮は取り出し、シロップごと消毒した瓶に入れる。

保存期間

・冷蔵庫で4〜5日間、冷凍庫で3カ月間保存可能です。

— 053 —

りんごのスパイスコンポート

材料 作りやすい分量

りんご … 2個
＊品種は問わない。
A グラニュー糖 … 200g
　白ワイン … 200g
　水 … 400g
　レモン果汁 … 10g
B コリアンダー … 小さじ1
　クローブ … 5粒
　アニス … 2〜3個

下準備

＊保存瓶を消毒する（P45）。

作り方

1　りんごは皮をむいて6〜8等分のくし形切りにし、芯を取る。芯は取っておく。

2　鍋にAを入れて火にかけ、グラニュー糖を溶かす。

3　2に1のりんごと芯を入れ、ペーパータオルで落としぶたをして弱めの中火で20分煮る。

4　りんごが半透明になり、柔らかくなったら火を止め、Bを入れてそのまま冷ます。

5　芯は取り出し、シロップごと消毒した瓶に入れる。

（保存期間）
・冷蔵庫で4〜5日間、冷凍庫で3カ月間保存可能です。

整腸作用のあるコリアンダー、体内の冷えからくる不調を整えるクローブ、胃腸の働きを促進し咳を抑えるアニスなど、3種のスパイスを加えた体によいコンポートです。

りんごのシノワズリーコンポート

材料 作りやすい分量

りんご … 2個
＊品種は問わない。
A グラニュー糖 … 200g
　白ワイン … 200g
　水 … 400g
　レモン果汁 … 10g
B 花椒（ホワジャオ）… 小さじ1
　五香粉（ウーシャンフェン）… 小さじ1
　ピンクペッパー … 10〜12粒

下準備

＊保存瓶を消毒する（P45）。

作り方

「りんごのスパイスコンポート」（上記）の作り方と同じ。

（保存期間）
・冷蔵庫で4〜5日間、冷凍庫で3カ月間保存可能です。

ピリリとする花椒に、クローブやシナモン、八角、フェンネルなどが入っている五香粉、独特の風味があるピンクペッパーを使ったスパイス香るコンポート。中国茶や白ワインとよく合います。

アップルバター

アップルバターは、アメリカの家庭で愛されているスプレッドです。ここではバターを使わず、シンプルにりんごをりんごジュースで煮詰めて作りました。好みでシナモンやナツメグを加えてもいいでしょう。

材料 作りやすい分量

りんご … 700g
＊品種は問わない。
りんごジュース（ストレート）… 200g
グラニュー糖 … 150g

作り方

1　りんごは、皮つきのまま6等分のくし形切りにし、芯を取る。
2　鍋に1のりんごとりんごジュースを入れⓐ、ふたをしⓑ、弱めの中火で柔らかくなるまで20分煮る。
3　2をざるなどで裏ごしするⓒ。
4　3を鍋に戻してグラニュー糖を入れ、中火にかける。ふたはせず、とろみがつくまで混ぜながら30分ほど火を入れるⓓ。消毒した瓶に入れる。

(保存期間)
・冷蔵庫で2〜3週間、冷凍庫で6カ月間保存可能です。

りんごのプレーンジャム

りんごそのものの味をいかしたプレーンなジャムです。ごろごろしたジャムが好きな方は、ブレンダーにかけなくてもいいでしょう。もっとなめらかなものがお好きな方はしっかり攪拌してピュレ状にしてください。

材料 作りやすい分量

りんご … 2個（400g）
＊品種は問わない。
A｜グラニュー糖 … 160g（りんごの重量の40％）
　｜レモン果汁 … 10g

下準備

＊保存瓶を消毒する（P45）。

作り方

1　りんごは皮をむいて半分に切り、スプーンなどで芯をくり抜く。スライサーでスライスする ⓐ。

2　1のりんごにAをまぶして1時間ほどおき、水分を出す ⓑ。

3　鍋に2を入れて中火にかけ、ふたはせずに混ぜながら10分ほど火を入れる ⓒ。火を止めて、2/3程度を軽くハンドブレンダー（またはミキサー）で攪拌する ⓓ。

4　再び中火にかけ、ふたはせずにとろみがつくまで混ぜながら火を入れる ⓔ。

5　熱いうちに消毒した瓶に入れる。ふたをして煮沸消毒する（P45）。

（保存期間）

・冷蔵庫で2〜3週間、冷凍庫で6カ月間保存可能です。

りんごとバラのジャム

酸味の強い紅玉をローズティー用のドライローズとローズエッセンスで香りづけした、バラの香り豊かなジャムです。ブレンダーで攪拌するときは、皮は必ず取り出すようにしてください。

材料　作りやすい分量

りんご(紅玉)…2個(400g)
*紅玉がなければ他の品種でも可。
A グラニュー糖…160g(りんごの重量の40%)
　レモン果汁…10g
B ローズティー用ドライローズ…5個
　ローズエッセンス…4～5滴

下準備

*保存瓶を消毒する(P45)。

作り方

1　りんごは皮をむいて半分に切り、スプーンなどで芯をくり抜く。スライサーでスライスする。皮は取っておく。

2　1のりんごにAをまぶして1時間ほどおき、水分を出す。

3　鍋に2を入れて中火にかけ、ふたはせずに混ぜながら10分ほど火を入れるⓐ。火を止めて、皮を取り除き、2/3程度を軽くハンドブレンダー(またはミキサー)で攪拌する。

4　再び火にかけ、ふたはせずにとろみがつくまで混ぜながら火を入れる。火を止めてBを加える。

5　熱いうちに消毒した瓶に入れる。ふたをして煮沸消毒する(P45)。

(保存期間)
・冷蔵庫で2～3週間、冷凍庫で6カ月保存可能です。

ⓐ

りんごとレモンとローズマリーのジャム

材料 作りやすい分量
りんご … 2個（400g）
＊品種は問わない。
レモン … 1/2個
グラニュー糖 … 160g（りんごの重量の40％）
ローズマリー … 少々

下準備
＊保存瓶を消毒する（P45）。

保存期間
・冷蔵庫で2〜3週間、冷凍庫で半年間保存可能です。

作り方

1. りんごは皮をむいて半分に切り、スプーンなどで芯をくり抜く。スライサーでスライスする。レモンの身を取り出す。
2. 1のりんごにグラニュー糖をまぶして1時間ほどおき、水分を出す。
3. 鍋に1のレモンと2のりんごを入れて中火にかけ、ふたはせずに混ぜながら10分ほど火を入れる。火を止めて、2/3程度を軽くハンドブレンダー（またはミキサー）で攪拌する。
4. 再び火にかけ、ふたはせずにとろみがつくまで混ぜながら15分ほど火を入れる。火を止めてローズマリーを入れる。
5. 熱いうちに消毒した瓶に入れる。ふたをして煮沸消毒をする（P45）。

レモンの爽やかな酸味と香りに、ローズマリーのツンとした香りを重ねて個性的で大人っぽい味に仕上げました。パンに塗るのはもちろん、紅茶のお供にしたり、バニラアイスに添えたりするのもおすすめです。

りんごとしょうがとコリアンダーのジャム

材料 作りやすい分量
りんご … 2個（400g）
＊品種は問わない。
グラニュー糖 … 160g（りんごの重量の40％）
しょうが … 20g
コリアンダー … 小さじ1

下準備
＊保存瓶を消毒する（P45）。

保存期間
・冷蔵庫で2〜3週間、冷凍庫で半年間保存可能です。

作り方

1. りんごは皮をむいて半分に切り、スプーンなどで芯をくり抜く。スライサーでスライスする。しょうがは皮をむいてすりおろす。
2. 1のりんごにグラニュー糖をまぶして1時間ほどおき、水分を出す。
3. 鍋に1のしょうがと2のりんごを入れて中火にかけ、ふたはせずに混ぜながら10分ほど火を入れる。火を止めて、2/3程度を軽くハンドブレンダー（またはミキサー）で攪拌する。
4. 再び火にかけ、ふたはせずにとろみがつくまで混ぜながら15分ほど火を入れる。火を止めてコリアンダーを入れる。
5. 熱いうちに消毒した瓶に入れる。ふたをして煮沸消毒をする（P45）。

食物繊維豊富なりんごと消化促進作用のあるコリアンダーを組み合わせた消化のよいジャムです。スキッとした味わいなので、炭酸水で割って飲むのもいいでしょう。

りんごのジャムの クレープ

りんごジャムを楽しむために、最もシンプルなフランス菓子、クレープを作りました。失敗せずに作るコツは、生地を寝かせること。焼いた生地は冷凍庫で10日間保存可能です。

材料　直径18cmのもの10枚分

好みのりんごジャム（P56〜58）… 適量
＊ここではりんごとレモンとローズマリーのジャムを使用。

バター（食塩不使用）… 30g
A 卵 … 80g
　グラニュー糖 … 30g
薄力粉 … 75g
牛乳 … 250g
（好みで）バター（食塩不使用）… 適量（トッピング用）

下準備

＊薄力粉をふるう。

作り方

1　小鍋にバターを入れて火にかけ、きつね色になるまで焦がす。

2　ボウルにAを入れて泡立て器でよく混ぜ、ふるった薄力粉を入れてさらによく混ぜる。

3　2のボウルに牛乳を少しずつ加えてその都度よく混ぜる。

4　3に1を入れて混ぜ、冷蔵庫で1時間以上寝かせる。焼く直前に生地を取り出し、泡立て器でよく混ぜる。

5　フライパンに少量のバター（分量外）を入れる。火にかけて溶かしたら生地をレードル1杯分入れ、薄くのばして焼く。

6　菜箸などで端から持ち上げてひっくり返し、裏面も焼くⓐ。お好みでバターやりんごジャムを添える。

りんごとバラのジャムの
ヴィエニーズワール

ヴィエニーズワールは、クリームとジャムを挟んだクッキーのこと。ここでは、コーンスターチをミックスしたサクホロの口溶けのよいクッキーに、りんごとバラのジャムとホイップクリームをサンドしました。クリームでクッキー生地がしっとりしてしまうので、サンドしたら早めにお召し上がりください。

材料 6個分
りんごとバラのジャム（P57）… 適量
バター（食塩不使用）… 100g
粉糖 … 40g
A 薄力粉 … 90g
　コーンスターチ … 30g
　ベーキングパウダー … 1g
B 生クリーム（乳脂肪分45％）… 100g
　グラニュー糖 … 10g

下準備
＊すべての材料を室温に戻す。
＊Aを合わせてふるう。

作り方

1　ボウルにバターを入れ、ハンドミキサーで混ぜる。

2　1に粉糖を3回に分けて入れ、その都度混ぜる。

3　2にふるったAを3回に分けて入れ、その都度ゴムべらで混ぜるⓐ。

4　ハンドミキサー（低速）で生地を絞りやすい固さになるまで混ぜる。

5　4を星口金をつけた絞り袋に入れ、オーブンシートに直接4cmの円形になるよう、ぐるっと絞るⓑ。焼くと広がるので間隔をあけること。

6　5を冷蔵庫で30分以上冷やす。

7　6を160℃に予熱したオーブンで20〜25分焼き、冷ます。

8　ボウルにBを入れ、ボウルの底を氷水に当てながらハンドミキサーで固めに泡立てるⓒ。

9　7に8のホイップクリームとりんごとバラのジャムを塗りⓓ、挟む。

2種のりんごのソテー

りんごをソテーして甘みを強くしたお菓子です。濃厚なキャラメル風味と、あっさりした風味の2種を作りました。どちらもそのまま食べてもおいしいですが、お菓子の材料としても重宝します。

りんごのキャラメルソテー

材料 作りやすい分量
りんご … 2個
＊品種は問わない。
A グラニュー糖 … 100g
　　水 … 大さじ1
バター（食塩不使用）… 20g

作り方

1. りんごは皮をむいて6〜8等分のくし形切りにし、芯を取る。
2. フライパンにAを入れて中火にかけ、濃いめの茶色になるまで焦がすⓐ。
3. バターを入れて混ぜ合わせ、りんごを入れてからめるⓑ。
4. りんごがややしんなりしたら、バットに移して冷ますⓒ。りんごのうまみを残すために、火は通しすぎないこと。

りんごのあっさりソテー

材料 作りやすい分量
りんご … 2個
＊品種は問わない。
バター（食塩不使用）… 15g
グラニュー糖 … 40g
レモン果汁 … 15g

作り方

1. りんごは皮をむいて6〜8等分のくし形切りにし、芯を取る。
2. フライパンにバターを入れて中火にかける。バターが溶けたらりんごとグラニュー糖を入れ、強めの中火にして、さっと炒めるⓐ。
3. レモン果汁を入れてふたをし、弱めの中火で3分ほど加熱するⓑ。
4. ふたを取り、時々混ぜながら5分ほど弱火にかけて水分を飛ばすⓒ。
5. バットに移して冷ますⓓ。

りんごとキャラメルは相性の良い組み合わせ。キャラメルケーキにりんごのキャラメルソテーを混ぜ込んでパウンドケーキを作りました。仕上げに、りんごのお酒カルヴァドスベースのシロップを塗るのがポイントです。

材料
縦18×横7.5×高さ6.5cmのパウンド型1台分

りんごのキャラメルソテー（P63）… 80g
[キャラメルクリーム]（70g分使用）
A　グラニュー糖 … 80g
　　水 … 10g
生クリーム（乳脂肪分35%）… 60g
[シロップ]
B　グラニュー糖 … 20g
　　水 … 10g
カルヴァドス … 10g
[キャラメルケーキ]
バター（食塩不使用）… 100g
グラニュー糖 … 80g
全卵 … 80g
C　強力粉 … 40g
　　コーンスターチ … 30g
　　ベーキングパウダー … 2g

下準備
＊すべての材料を室温に戻す。
＊オーブンを180℃に予熱する。
＊Cを合わせてふるう。
＊卵を溶きほぐす。
＊りんごのキャラメルソテーをペーパータオルにのせて水けをきり、7mm角に切る。
＊型にオーブンシートを敷く。

作り方
[キャラメルクリームを作る]

1　フライパンにAを入れて中火にかけ、濃いめの茶色になるまで焦がして火を止める@。

2　生クリームを電子レンジで沸騰直前まで温め、1に加えて⒝、ゴムべらなどで混ぜる。

3　容器に移して冷ます。

[シロップを作る]

4　Bを合わせ、ラップはかけずに電子レンジで30秒ほど加熱してグラニュー糖を溶かす。冷めたらカルヴァドスを混ぜる。

[キャラメルケーキを作る]

5　ボウルにバターを入れて木べらで練って柔らかくする。

6　5にグラニュー糖を3回に分けて入れ、その都度木べらで混ぜる。

7　6に溶いた卵を少しずつ入れ、その都度木べらで混ぜる。

8　3のキャラメルクリーム70gに7をゴムべらでひとすくい入れ⒞、よく混ぜる。

9　8を7に戻し入れ⒟、混ぜ合わせる。

10　9にりんごのキャラメルソテーを2回に分けて入れ⒠、その都度ゴムべらで混ぜる。

11　10にふるったCを3回に分けて入れ、その都度ゴムべらで混ぜる。

12　型に11を入れて表面を平らにならし、中央を少しへこませる⒡。

13　180℃に予熱したオーブンで45〜50分焼く。

14　オーブンから取り出し、粗熱が取れたら型からはずす。全面に4のシロップを塗り、ラップに包んで室温で冷ます。

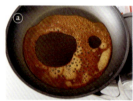

りんごのキャラメル
パウンドケーキ

りんごのごろごろタタン

材料 直径18cmの鍋（オーブン加熱可能なタイプ）

りんご（シナノスイートまたは紅玉）… 4個（小さめのもの）
*上記の品種がなければ他の品種でも可。

グラニュー糖 … 100g

バター（食塩不使用）… 30g

タイム … 2～3本

冷凍パイシート … 1枚

下準備

*オーブンを180℃に予熱する。

作り方

1　りんごは皮をむき、半分に切ってスプーンなどで芯をくり抜く。

2　鍋にグラニュー糖を入れて中火にかけ、濃いめの茶色になるまで焦がす。

3　2にバターを入れて溶かし、タイムを入れるⓐ。

4　3にりんごの切った面を下にして入れⓑ、ふたをして弱火で10分ほど煮るⓒ。

5　ふたを取り、りんごの上下を返してアルミ箔をかぶせ、180℃に予熱したオーブンで30～40分焼く。再度180℃に予熱する。

6　冷凍パイシートを鍋より少し大きめのサイズにのばし、角をカットして丸形にするⓓ。

7　5をオーブンから取り出し、りんごが茶色く色づいていたら、パイシートをかぶせる。りんごを包むように、パイシートの周りを鍋の側面にヘラで押し込みⓔ、ナイフで全体に空気穴を開けるⓕ。

8　180℃に予熱したオーブンに戻し、パイシートに焼き色がつくまで30分ほど焼く。

9　オーブンから取り出し、5～10分おいたら、鍋に皿をかぶせてひっくり返し、中身を取り出す。完全に冷めるとはずしにくくなるので早めに取り出すこと。

りんごを煮詰めすぎず、食感をある程度残した、ごろごろのタタンを作りました。りんごは小ぶりで固めのシナノスイートを使っていますが、紅玉でも同じように作れます。柔らかめのりんごで作ると、少し煮崩れた果肉が楽しめるでしょう。タイムの量はお好みで調整してください。

定番タルト・タタン

ほろ苦くキャラメリゼされたりんごと、パイのサクサクした食感が楽しめる王道タルト・タタンです。薄切りにしたりんごを、パウンド型にぎゅうぎゅうに詰め込んで焼き上げます。もし手に入るようなら、酸味の強いグラニースミスや紅玉で作ってください。

材料
縦18×横7.5×高さ6.5cmのパウンド型1台分

りんご（グラニースミスまたは紅玉）
　… 3個（1個200g）
＊上記の品種がなければ他の品種でも可。

グラニュー糖 a … 60g
バター（食塩不使用）… 50g
グラニュー糖 b … 100g
冷凍パイシート … 20×10cm

下準備
＊オーブンを180℃に予熱する。
＊型にオーブンシートを敷く。側面は型より高さを出す。

作り方

1　フライパンにグラニュー糖 a を入れて中火にかけ、濃いめの茶色に焦がし、型の底に流すⓐ。

2　りんごは皮をむいて4等分に切り、スプーンなどで芯を取る。スライサーで厚さが調整できる場合は、2mmにスライスするⓑ。

3　型に2のりんごを敷き詰め、7mm角に切ったバターとグラニュー糖 b をそれぞれ1/3量入れるⓒ。これを、あと2回繰り返す。

4　最後に、残ったりんごを山盛りにのせるⓓ。

5　バットの上にオーブンシートを敷いて4を置き、アルミ箔をかぶせて、180℃に予熱したオーブンで1時間焼く。バットを取り出し、りんごを軽く押さえるⓔ。バットの上に汁が流れ出ていたら、スプーンですくって型の中に戻す。

6　5をオーブンに戻し、りんごが茶色く色づくまで1時間ほど焼く。焼き色が薄ければ、さらに様子を見て焼く。

7　オーブンから取り出し、軽く重石をして冷ますⓕ。冷蔵庫に入れて、3時間ほど冷やしたら重石をはずす。

8　冷凍パイシートを180℃に予熱したオーブンで5分焼く。膨らんできたら、もう1枚の天板を重ねて15分焼く。

9　重ねた天板を取り、焼き色がつくまで5〜10分焼く。

10　オーブンから取り出して冷ます。型の大きさに合わせてカットするⓖ。

11　10を型に入れてⓗ、上下を返す。

りんごの3色タルト

紅玉、グラニースミス、きおうの3つのりんごを使い、3色のタルトを作りました。焼きすぎると色がくすむのでご注意を。変色するのも早いので、完成したら早めに食べるのがおすすめです。仕上げにナパージュを塗ると、変色防止になります。

りんごの3色タルト

材料 直径16×高さ2cmのタルトリング1台分

りんご(赤色、緑色、黄色のもの) … 各1個
*ここでは紅玉、グラニースミス、きおうを使用。

[タルト生地]
A バター(食塩不使用) … 50g
　薄力粉 … 80g
　粉糖 … 30g
　アーモンドプードル … 10g
全卵 … 20g

[アーモンドクリーム]
バター(食塩不使用) … 50g
グラニュー糖 … 50g
全卵 … 50g
B アーモンドプードル … 50g
　シナモンパウダー … 小さじ1/2
　ナツメグパウダー … 小さじ1/4
アップルバター(P55) … 100g
C 水 … 200g
　グラニュー糖 … 80g
　レモン果汁 … 30g
バター(溶かしバター用) … 適量
(好みで)ナパージュ(市販) … 適量

下準備

* Aのバターを1cm角に切って冷凍庫に入れる。
* アーモンドクリームの材料をすべて室温に戻す。
* Bのアーモンドプードルをふるう。
* アーモンドクリームの卵を溶きほぐす。
* 型にバター(分量外)を塗って強力粉(分量外)をはたく。なければ薄力粉でもよい。
* 天板にオーブンシートを敷く。

作り方

[タルト生地を作る]

1　フードプロセッサーにAを入れて、バターがさらさらになるまで撹拌する。

2　1に卵を入れて生地がまとまるまで撹拌するⓐ。

3　2を手でひとまとめにし、ラップで包んで冷蔵庫で1時間以上寝かせるⓑ。

4　3をめん棒で厚さ3mmにのばす。厚手のポリ袋を開いて生地を挟むと作業しやすい。

5　4の上にタルトリングを置いて型抜きし、底に敷き込む。余った生地を型の高さより少し幅広に切り、型の側面に沿わせてはりつける。はみ出した部分を内側から外側に向けてナイフで切るⓒ。冷蔵庫に入れて30分休ませる。オーブンを180℃に予熱する。

6　5のふちをアルミ箔で覆いⓓ、180℃に予熱したオーブンで20分から焼きする。

[アーモンドクリームを作る]

7　ボウルにバターを入れ、木べらで練って柔らかくする。

8　7にグラニュー糖を3回に分けて入れ、その都度木べらで混ぜる。

9　8に溶きほぐした卵を少しずつ入れ、その都度木べらで混ぜる。

10　9にBを入れて木べらで混ぜる。

11　10をラップで包み、冷蔵庫で1時間以上寝かせる。

［組み立て］

オーブンを180℃に予熱する。

12　から焼きした6のタルトに11のアーモンドクリームを入れて平らにならしⓔ、180℃に予熱したオーブンで20分焼く。オーブンから取り出して冷まし、アップルバターを塗るⓕ。オーブンを150℃に予熱する。

13　ボウルにCを入れ、グラニュー糖が溶けるまで木べらでよく混ぜる。

14　りんごは皮つきのまま半分に切り、スプーンなどで芯をくり抜く。スライサーで、厚さを調整できる場合は、1.5mmにスライスしⓖ、13に入れて変色を防ぐ。

15　14の同じ色のりんご4〜5枚を少しずつずらして重ねⓗ、ペーパータオルの上にのせる。下1.5cmほどを切り、高さをそろえるⓘ。

16　15のりんごを12の上に立体的に並べていく。

17　溶かしバター用のバターを耐熱容器に入れてラップをかけ、電子レンジで20秒加熱する。16の表面全体に塗りⓙ、150℃に予熱したオーブンで10分焼く。型から取り出し、しっかり冷ましてから好みでナパージュを塗る。

アップルパイ

りんご煮を入れる代わりに、りんごのあっさりソテーを使ってりんごの食感が楽しめるアップルパイを作りました。生地はサクサクした食感のブリゼ生地。表面に葉っぱの形に切り抜いた生地をはりつけて、かわいらしいルックスに仕上げています。

材料 口径18（底径15）×高さ1.7cmのパイ皿1台分

りんごのあっさりソテー（P63）… 300g

［ブリゼ生地］＊市販のパイ生地でも可。

A 薄力粉 … 90g
　粉糖 … 10g
　バター（食塩不使用）… 60g
　塩 … 1g
B 全卵 … 22g
　水 … 8g

溶き卵 … 適量（つや出し用）

下準備

＊バターを1cm角に切って冷凍庫に入れる。
＊Bを混ぜ合わせ、冷蔵庫に入れる。
＊りんごのあっさりソテーをペーパータオルにのせて水けをきるⓐ。

作り方

［ブリゼ生地を作る］

1　フードプロセッサーにAを入れてバターがさらさらになるまで撹拌する。

2　1にBを入れて生地がまとまるまで撹拌するⓑ。

3　2をラップで包んで1時間以上寝かせるⓒ。

4　3を打ち粉（分量外）をしながらめん棒で厚さ2mmにのばしⓓ、型に敷き込み、冷蔵庫で30分以上寝かせる。残った生地も一緒に冷蔵庫で寝かせる。

5　4の上にオーブンシートを敷き、タルトストーンをのせて190℃に予熱したオーブンで20分から焼きする。

6　タルトストーンとオーブンシートを取り、底面に焼き色がつくまでさらに10分ほど焼くⓔ。

［組み立て］

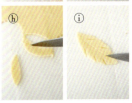

7　4で残った生地を菊型やセルクルで半円ずつ抜くかⓕⓖ、ナイフで切り抜いてⓗ筋目を入れⓘ、木の葉の形のものを15〜16枚作るⓙ。

8　6にりんごのあっさりソテーをこんもりとのせⓚ、7を全面にはりつける。はけでつや出し用の溶き卵を塗りⓛ、190℃に予熱したオーブンで25〜30分焼く。

フランス北西部、ノルマンディー地方の郷土菓子です。サクサクのブリゼ生地に、アーモンドクリームと生のりんごをのせて包んで焼くだけ。型なしで作れる簡単タルトです。酸味の強いグラニースミスや紅玉がおすすめですが、もちろん他のりんごでもかまいません。

タルト・ノルマンディー

材料　直径18cmのもの1台分

りんご（グラニースミスまたは紅玉）
　…1個（200g）
＊上記の品種がなければ他の品種でも可。
ブリゼ生地（P75の作り方1〜4参照）
　…全量
［アーモンドクリーム］
A　全卵…60g
　｜グラニュー糖…40g
B　アーモンドプードル…30g
　｜薄力粉…5g
バニラビーンズ…少々
　（さやに切り目を入れて種をかき出す）
＊バニラエキストラ1滴でも可。
カソナード…適量
＊きび砂糖やグラニュー糖でも可。
溶き卵…適量（つや出し用）

下準備

＊アーモンドクリームの材料を室温に戻す。
＊Bの薄力粉をふるう。
＊天板にオーブンシートを敷く。

作り方

1　ブリゼ生地に強力粉少々（分量外）をふりながら ⓐ、めん棒で直径25cmの丸形にのばし ⓑ、冷蔵庫で1時間以上休ませる。

2　りんごは皮をむいて幅1〜2cmのくし形切りにし、芯を取る。そのうち1/4個分はひと口大に切る ⓒ。

［アーモンドクリームを作る］

3　ボウルにAを入れて泡立て器で混ぜる。Bを加えてさらに混ぜる。

4　3にバニラビーンズの種を入れて混ぜる ⓓ。

5　1の中央にひと口大に切ったりんごをのせ、周りにくし形切りにしたりんごを並べる ⓔ。

6　りんごを包むように生地を内側に折り込み、ひだを作りながら直径15cmほどの丸形に形を整える ⓕ。冷蔵庫で30分以上休ませる。

7　オーブンを190℃に予熱する。6に4のアーモンドクリームを入れ ⓖ、全体にカソナードをふりかける。

8　生地全体につや出し用の溶き卵を塗り、190℃に予熱したオーブンで45〜50分焼く。

「ジェノヴァのパン」を意味するパンドジェンヌは、アーモンド生地で作る、しっとりしてリッチな味わいのケーキのこと。ここでは、りんごのスパイスコンポートをたっぷり混ぜ込みました。

パンドジェンヌ

材料 直径15cmの丸型1台分

アーモンドスライス … 適量
りんごのスパイスコンポート（P54）
　… 180g
＊他のりんごのコンポート（P52〜59）や
　りんごのあっさりソテー（P63）でも可。
A 強力粉 … 大さじ1
　│ シナモンパウダー … 小さじ1
B アーモンドプードル … 100g
　│ 粉糖 … 120g
全卵 … 140g
C 薄力粉 … 40g
　│ ベーキングパウダー … 2g
バター（食塩不使用）… 55g
カルヴァドス … 6g

下準備

＊すべての材料を室温に戻す。
＊オーブンを180℃に予熱する。
＊Bを合わせてふるう。
＊Cを合わせてふるう。
＊卵を溶きほぐす。

作り方

1　型にバター（分量外）を厚めに塗ってアーモンドスライスをはりつけるⓐ。

2　りんごのスパイスコンポートをペーパータオルで水けをきり、7mm角に切ってAをまぶすⓑ。

3　ボウルにふるったBを入れて混ぜる。卵を3回に分けて入れ、その都度ハンドミキサーで少しもったりする程度に泡立てる。

4　3にふるったCを入れてゴムべらでよく混ぜるⓒ。

5　バターを耐熱容器に入れてラップをかけ、電子レンジに20秒かけて溶かす。温かいうちに4に入れてよく混ぜる。

6　2を全体に散らばるように3回に分けて入れ、その都度ゴムべらでさっくりと混ぜるⓓ。カルヴァドスを加え、さらに混ぜる。

7　型に6を入れて180℃に予熱したオーブンで50〜60分焼く。竹串をさして生地がついてこないか確認する。生地が竹串につく場合は、様子を見ながら3〜5分加熱する。粗熱が取れたら型からはずす。

ⓐ

ⓑ

ⓒ

ⓓ

りんごのシュトゥルーデル

シュトゥルーデルは、オーストリアの伝統的なお菓子です。薄くのばした生地でりんごやレーズンをぎゅぎゅっと巻き込んで焼きます。熱々のできたてをサクサクと音を立てながら食べるもよし、冷やしてしっとり食感を楽しむもよし。シナモンを効かせることを忘れずに。

材料　縦30×横10cm 1本分

りんご … 1個
＊品種は問わない。

A 薄力粉 … 50g
　強力粉 … 50g
　塩 … 2g

B 太白ごま油 … 20g
　水 … 40g

パン粉 … 60g

バター（食塩不使用）… 25g

C グラニュー糖 … 60g
　シナモンパウダー … 小さじ1〜2

レーズン … 25g

バター（食塩不使用）… 100g（溶かしバター用）

下準備

＊Aを合わせてふるう。
＊天板にオーブンシートを敷く。

作り方

1　ボウルにAを入れてゴムべらで軽く混ぜ、Bを加えてひとまとまりになるまでゴムべらで混ぜる。

2　1を台に移し、10分ほど手でこねるⓐ。

3　2がなめらかになったらひとまとめにしⓑ、ラップで包んで常温で1時間ほど寝かせる。

4　フライパンにバター25gを入れて中火にかける。バターが溶けたら弱めの中火でパン粉を炒める。

5　4が茶色く色づいてきたら火を止め、Cを加えて冷ます。

6　りんごは皮をむいて4つ切りにし、芯を取る。厚さ7mmのいちょう切りにする。オーブンを180℃に予熱する。

7　3をシルパット（なければさらし。オーブンシートの上ではすべって伸ばしにくい）の上にのせ、めん棒で20×20cmにのばすⓒ。

8　周りをそっと引っ張りながら生地のむこうがうっすら透けるほどの薄さにのばしⓓ、30×40cmの大きさにする。

9　バター100gを耐熱容器に入れてラップをし、電子レンジに30秒かけて溶かし、8の表面にはけで1/4量塗るⓔ。

10　5を余白を5cmほど残して、上半分にのせる。その上に6のりんごとレーズンをのせるⓕ。

11　10をシルパットごと持ち上げ、均一の太さになるように巻くⓖ。左右の生地はねじってとじる。

12　巻き終わりを下にして天板に置き、全体に残った溶かしバターの1/3量を塗るⓗ。

13　竹串で表面に空気穴を開けⓘ、180℃に予熱したオーブンで15分焼く。天板を取り出し、表面に残った溶かしバターの半量を塗り、オーブンに戻す。

14　さらに15分焼いてもう一度残りの溶かしバターを塗る。

15　オーブンに戻し、きつね色になるまで15〜20分焼く。

りんごとドライフルーツのクラシックケーキ

りんごのお酒カルヴァドスに漬け込んだレーズンとりんごのコンポートを焼き込んだ、クラシカルな焼き菓子です。シノワズリーのコンポートを使い、シナモンや五香粉で風味づけすることで、個性的な味わいに仕上げました。パウンド型でも作れます。

材料 直径14×高さ8cmのクグロフ型1台分
＊縦18×横7.5×高さ6.5cmの
パウンド型でも可。

りんごのシノワズリーコンポート（P54）
　　… 100g
バター（食塩不使用）… 90g
グラニュー糖 … 70g
全卵 … 65g
A 強力粉 … 75g
　ベーキングパウダー … 2g
　シナモン … 2g
　（好みで）五香粉（ウーシャンフェン）… 小さじ1/4
レーズン … 50g
カルヴァドス … 20g
ピスタチオ … 30g
りんごのシノワズリーコンポートのシロップ
　　… 20g

下準備
＊レーズンをカルヴァドスに漬けて3時間以上おき、半分に切る。
＊すべての材料を室温に戻す。
＊オーブンを180℃に予熱する。
＊Aを合わせてふるう。
＊卵を溶きほぐす。
＊りんごのシノワズリーコンポートをペーパータオルにのせて水けをきり、7mm角に切る。
＊ピスタチオは生の場合は180℃のオーブンで10分ほど軽くローストし、半分に切る。
＊型にバター（分量外）を厚めに塗り、強力粉（分量外）をはたく。

作り方

1　ボウルにバターを入れ、木べらで練って柔らかくする。

2　1にグラニュー糖を3回に分けて入れ、その都度よく混ぜる。

3　2に卵を少しずつ入れながら、その都度よく混ぜる。

4　3にふるったAを3回に分けて入れ、その都度よく混ぜるⓐ。

5　レーズンとコンポートに強力粉大さじ1（分量外）をまぶしⓑ、4に3回に分けて入れ、その都度さっくりと混ぜ合わせる。ピスタチオを入れて混ぜるⓒ。

6　型に5を入れⓓ、180℃に予熱したオーブンで45〜50分焼く。竹串をさして生地がついてこないか確認する。生地が竹串につく場合は、様子を見ながら3〜5分ずつ加熱する。

7　粗熱が取れたら型からはずし、りんごのシノワズリーコンポートのシロップを全体にはけで塗るⓔ。ラップで包み室温で冷ます。

ⓐ

ⓑ

ⓒ

ⓓ

ⓔ

シブーストはフランスの伝統的なお菓子で、パイ生地の上にりんごをのせて、イタリアンメレンゲにカスタードクリームとゼラチンを混ぜたクリームを重ね、表面をキャラメリゼして作ります。ここでは、サクサクのブリゼ生地とりんごとバニラのコンポートを使いました。

りんごのシブースト

りんごとスパークリングワインのムース

りんごとバニラのコンポートと組み合わせたスパークリングワインのムースは、大人っぽく繊細な味。仕上げにりんごジュースのゼリーをのせるのがポイント。ムースの味がグッと引き締まります。しっかり固まった状態で切り分けるときれいに切ることができます。

りんごのシブースト

材料 直径7×高さ1.6cmタルトリング6個分

りんごのバニラのコンポート（P52）… 適量
＊他のりんごのコンポート（P52〜54）やりんごの
あっさりソテー（P63）でも可。

ブリゼ生地（P75の作り方1〜4参照）… 全量

［アパレイユ］
卵 … 45g
グラニュー糖 … 20g
A 牛乳 … 45g
　生クリーム（乳脂肪分35%）… 45g
　カルヴァドス … 2g

［シブーストクリーム］
B 卵黄 … 30g
　グラニュー糖 … 10g
薄力粉 … 15g
牛乳 … 150g
板ゼラチン … 4g

［イタリアンメレンゲ］
卵白 … 45g
C グラニュー糖 … 45g
　水 … 15g

カソナード … 適量
＊きび砂糖やグラニュー糖でも可。

下準備

＊オーブンを180℃に予熱する。
＊型にバター（分量外）を塗って強力粉（分量外）を
　はたく。ない場合は、薄力粉でもよい。
＊りんごとバニラのコンポートをひと口大に切り、ペー
　パータオルにのせて水けをきる。
＊板ゼラチンを氷水でふやかす。
＊天板にオーブンシートを敷く。

作り方

［ブリゼ生地を作る］

1　ブリゼ生地をめん棒で厚さ2mmにのばし、直径10cmの丸型で抜き⒜、タルトリングに敷き込む⒝。焼くと縮むので側面は型より高さを出す。

2　底にフォークで数カ所穴を開け、グラシンカップを重ね、タルトストーンをのせる⒞。180℃に予熱したオーブンで15分から焼きする。

3　グラシンカップとタルトストーンを取り、底面に焼き色がつくまでさらに10分ほど焼く。

［アパレイユを作る］

オーブンを180℃に予熱する。

4　ボウルに卵を入れて泡立て器でよく混ぜ、グラニュー糖を入れてさらに混ぜる。

5　4にAを入れて混ぜ合わせる。

6　3に水けをきったりんごとバニラのコンポートと5を入れる⒟。

7　6を180℃に予熱したオーブンで30分ほど焼いて、冷ます。

［シブーストクリームを作る］

8　ボウルにBを入れて泡立て器でよく混ぜ、薄力粉を加えてさらに混ぜる。

9　小鍋に牛乳を入れて沸騰直前まで温め、8に加えてよく混ぜ合わせる。

10　9をざるや茶こしでこしながら小鍋に戻し入れ⒠、ゴムべらで混ぜながら中火にかける。

11　ふつふつとし、とろみがついたら火からおろし、ふやかしたゼラチンをぎゅっと絞って加え、混ぜながら溶かす。ボウルに移し、そのまま常温でおいておく。

［イタリアンメレンゲを作る］

12　ボウルに卵白を入れてハンドミキサーで軽く泡立てる。

13　小鍋にCを入れて火にかけ、117℃まで熱したら火を止める。

14　12の卵白を泡立てながら13の熱いシロップを入れ⒡、ピンと角が立つまでハンドミキサーでしっかりと泡立てる。

15　11に14をひとすくい入れ、泡立て器で混ぜ合わせる。

16　残りの14を2回に分けて入れ、その都度ゴムべらでさっくりと混ぜ合わせる⒢。

［組み立て］

17　7を型からはずし、16をのせ、冷凍庫で30分ほど冷やす。冷凍庫で冷やすことで、バーナーであぶったときにクリームが溶けすぎないようになる。

18　17の表面にカソナードをふり、バーナーで焦げ目をつける⒣。バーナーがない場合は、熱したスプーンの裏を当てる。

りんごとスパークリングワインのムース

材料　15cm四方×高さ5cmのキャドル1台分
[ビスキュイ] ＊市販のビスキュイクッキーでも可。
卵白 … 40g
グラニュー糖 … 25g
卵黄 … 15g
薄力粉 … 25g
粉糖 … 適量
[ムース]
スパークリングワイン … 150g
レモン果汁 … 30g
卵黄 … 50g
グラニュー糖 … 100g
板ゼラチン … 6g
生クリーム（乳脂肪分35%）… 200g
りんごとバニラのコンポート（P52）… 適量（1と1/2個ほど）
[りんごゼリー]
りんごジュース（ストレート）… 150g
板ゼラチン … 2g

下準備
＊オーブンを180℃に予熱する。
＊薄力粉をふるう。
＊ムースとりんごゼリーの板ゼラチンをそれぞれ氷水でふやかす。
＊天板にオーブンシートを敷く。

作り方
[ビスキュイを作る]

1　ボウルに卵白を入れ、ハンドミキサーで混ぜる。

2　1にグラニュー糖を3回に分けて入れ、その都度混ぜながら角が立つまで泡立てる。

3　2に卵黄を入れ、ハンドミキサーで混ぜ合わせる。

4　3に薄力粉を2回に分けて入れ、その都度ゴムべらでさっくりと混ぜ合わせる。

5　口径1cmの丸口金をつけた絞り袋に4を入れⓐ、天板の上に型の大きさに合うように絞るⓑ。粉糖をふるⓒ。ふった粉糖が溶けたらもう一度ふる。

6　180℃に予熱したオーブンで12～15分焼く。

7　オーブンから出して冷ます。型の大きさに合わせてナイフでカットし、底に敷くⓓ。

[ムースを作る]

8　ボウルに卵黄を入れ、グラニュー糖を3回に分けて加え、その都度泡立て器で白っぽくなるまで混ぜるⓔ。

9　小鍋にスパークリングワインの半量を入れて中火にかけ、ふつふつしてきたら火を止める。8に少しずつ加えながら泡立て器で混ぜるⓕ。

10　9をざるや茶こしでこしながら小鍋に戻し入れⓖ、弱火にかける。ゴムべらで混ぜながらトロッとするまで（80℃が目安）加熱する。

11　ふやかしたゼラチンをぎゅっと絞って水けをきり、10に入れて混ぜ、ゼラチンを溶かすⓗ。

12 11をボウルに移し、ボウルの底を氷水に当てて泡立て器で混ぜながら粗熱が取れるまで冷やす。

13 12に残りのスパークリングワインとレモン果汁を加え、時々混ぜながらトロッとするまで（20℃が目安）冷やす。

14 生クリームを八分立てにし、13のボウルに3回に分けて入れ、その都度泡立て器で混ぜるⓘ。仕上げにゴムべらで全体をしっかりと混ぜ合わせるⓙ。

［組み立て］

15 りんごとバニラのコンポートを厚さ1cmに切りそろえる。大きい場合は半分に切る。ペーパータオルにのせて水けをきる。

16 ビスキュイを敷いた7の型に14のムースの半量を入れて15を並べるⓚ。

17 残りのムースを入れて表面をゴムべらでならし、冷凍庫で冷やし固める。

［りんごゼリーを作る］

18 りんごジュースを小鍋に入れて火にかけ、60℃まで温める。

19 ふやかしたゼラチンをぎゅっと絞って水けをきり、18に入れて溶かす。

20 ボウルに移し、ボウルの底を氷水に当てて粗熱を取る。

21 固まっている17の上に20をそっと流し入れⓛ、冷蔵庫で冷やし固める。

22 ゼリーが固まったら型をはずし、切り分ける。

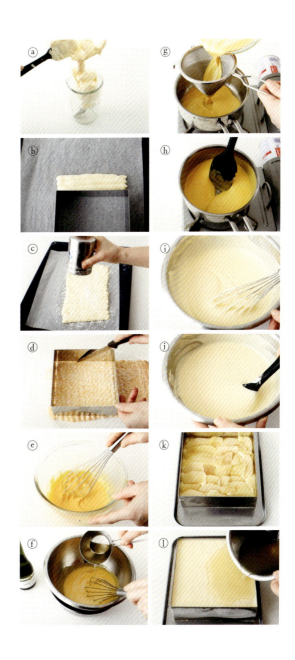

— 089 —

りんごとローズマリーの
クランブルチーズケーキ

りんごジャムと生のりんごを交互に重ねたりんごたっぷりのチーズケーキです。湯煎焼きにすることで、生地がゆっくり膨らんで、しっとりなめらかになり、表面も美しく仕上がります。ローズマリーの香りをつけたクランブルを全体に散らして、スキッとした味わいにしました。

材料　直径12cmの丸型1台分

りんご … 100g
＊品種は問わない。
りんごのプレーンジャム（P56）
　… 150g

[ローズマリーのクランブル]
バター（食塩不使用）… 15g
グラニュー糖 … 15g
アーモンドプードル … 15g
薄力粉 … 15g
ドライローズマリー … 小さじ1/4

[チーズケーキ]
全粒粉ビスケット … 30g
バター（食塩不使用）… 20g
A　クリームチーズ … 150g
　　サワークリーム … 60g
グラニュー糖 … 50g
全卵 … 75g
B　薄力粉 … 5g
　　レモン果汁 … 5g

下準備

＊チーズケーキの材料をすべて室温に戻す。
＊クランブルのバターを1cm角に切って冷蔵庫で冷やす。
＊Bの薄力粉をふるう。
＊卵を溶きほぐす。
＊りんごは皮をむいて芯を取り、2cm角に切る。

作り方

[ローズマリーのクランブルを作る]

1　ボウルにクランブルの材料をすべて入れて、指先でバターをつぶしながら粉類と合わせⓐ、そぼろ状にするⓑ。冷凍庫で冷やす。

[チーズケーキを作る]

2　全粒粉ビスケットをポリ袋などに入れ、めん棒で細かく砕くⓒ。バターを耐熱容器に入れてラップをかけ、電子レンジで20秒加熱して溶かす。ポリ袋に入れて混ぜ合わせる。

3　型の側面にオーブンシートを高めにセットし、2を底にぎゅっと敷き詰めて冷蔵庫で冷やして固める。

4　ボウルにAを入れ、ゴムべらで練るⓓ。

5　4にグラニュー糖を入れ、ハンドミキサー（低速）で混ぜる。

6　5に卵を3回に分けて入れ、その都度ハンドミキサーで混ぜる。

7　6にBを加えてハンドミキサーで混ぜるⓔ。

8　3の型に7の1/3量を入れてりんごジャムを広げ、りんごを散らすⓕ。

9　残りの生地を8にそっと流し入れ、上にクランブルをのせるⓖ。

10　9の型を60℃のお湯をはったバットに入れて180℃に予熱したオーブンで湯煎焼きにする。底が取れる型の場合はお湯が入らないようにアルミホイルで底面を包むとよいⓗ。

りんごのキャラメルクリーム
ショートケーキ

りんごのショートケーキって意外と見かけません。
そこで、りんごお好きな方のために、
りんごのジューシーさと風味を存分に味わえる
夢のようなショートケーキを考えました。
はちみつ風味のジェノワーズに、
ビターなキャラメルクリームをたっぷり塗って、
りんごのキャラメルソテーをサンドしました。

りんごのキャラメルクリーム ショートケーキ

材料 直径15cmの丸型1台分

りんごのキャラメルソテー（P63）… 200g

[ジェノワーズ]
全卵 … 120g
はちみつ … 10g
グラニュー糖 … 60g
A バター（食塩不使用）… 10g
　牛乳 … 10g
バニラエキストラ … 1〜2滴
B 薄力粉 … 60g
　ベーキングパウダー … 2g

[キャラメルクリーム]
C グラニュー糖 … 80g
　水 … 10g
生クリーム（乳脂肪分35%）a … 60g
生クリーム（乳脂肪分45%）b … 350g

[シロップ]
D 水 … 20g
　グラニュー糖 … 10g
カルヴァドス … 5g

下準備

* ジェノワーズの材料を室温に戻す。
* オーブンを180℃に予熱する。
* Bを合わせてふるう。
* りんごのあっさりソテーは半量を1cm角に、残りの半量はひと口大に切り、ペーパータオルにのせて水けをきる。
* 型の底と側面にオーブンシートを敷き込む。

作り方

[ジェノワーズを作る]

1　ボウルに卵を入れ、ハンドミキサーで混ぜる。はちみつを加えてさらに混ぜる。

2　1にグラニュー糖を3回に分けて入れ、その都度もったりとするまでハンドミキサーで泡立てる。

3 ハンドミキサーを低速にし、ゆっくりと円形に動かしながら2分ほどかけて生地のキメを整える。

4 3にふるったBを3回に分けて入れてゴムべらでさっくり混ぜる。

5 小さめのボウルにAを入れ、湯煎にかけて50℃にする（温度計がない場合は、手の甲に落として熱く感じるくらいが目安）。火からおろし、バニラエキストラと4の生地を大さじ1加えてゴムべらで混ぜる。

6 5を4のボウルに入れてゴムべらでさっくり混ぜる。

7 型に6をそっと入れ、10cmほどの高さからトンと下に1回打ちつけて空気を抜く。竹串で10回ほどゆっくりと混ぜてさらに空気を抜く。

8 7を180℃に予熱したオーブンで30〜35分焼く。

9 型からはずしてケーキクーラーの上に逆さにのせて冷ます。冷めたら乾燥しないようにポリ袋に入れてひと晩寝かせる。ようじをさしてめどをつけ、横3等分にスライスするⓐ。

［キャラメル生クリームを作る］

10 耐熱容器に生クリームaを入れて、ラップはかけず電子レンジで30秒加熱する。

11 フライパンにCを入れて中火にかけ、濃いめの茶色になるまで焦がして火を止める。10の生クリームを加えてゴムべらで混ぜる。冷ましてから70g取り分ける。

12 11で取り分けたキャラメルクリームに、生クリームⓑを加えて泡立て器で混ぜる。

13 12のボウルの底を氷水に当ててハンドミキサーで角が立つまで泡立てる。

［組み立て］

14 シロップを作る。耐熱容器にDを入れて混ぜ、ラップはかけずに電子レンジで30秒加熱する。粗熱が取れたらカルヴァドスを加えて混ぜる。

15 回転台にジェノワーズを1枚置く。はけで14のシロップを塗り、13のキャラメル生クリームを塗って、りんごのソテーを並べるⓑ。

16 15の上にさらにキャラメル生クリームを塗るⓒ。2枚目のジェノワーズの片面にシロップを塗り、重ねたら、もう片面にも塗るⓓ。

17 15、16と同様にキャラメル生クリームを塗り、りんごのソテーを並べ、キャラメル生クリームを塗ったら、下面にシロップを塗った3枚目のジェノワーズを重ねる。

18 17の上面にシロップを塗り、全体にキャラメル生クリームを塗るⓔⓕ。残りのキャラメル生クリームを星口金をつけた絞り袋に入れて、直径7cmほどの円を描くように絞るⓖ。円の内側にりんごのソテーをこんもりと飾る。

アップルクーヘン

無性に食べたくなるお菓子ってありますよね。私にとって、そのうちのひとつがこのアップルクーヘンです。りんごのあっさりソテーとりんごのお酒カルヴァドスに漬け込んだレーズン、バウムクーヘンをパイ生地で覆い、オーブンで焼いてでき上がり。どこか懐かしさを感じさせるお菓子に仕上がりました。

材料 縦18×横7.5×高さ6.5cmのパウンド型1台分

冷凍パイシート … 1枚
りんごのあっさりソテー（P63）… 150g
バウムクーヘン（市販）… 200g
レーズン … 30g
カルヴァドス … 20g
＊ブランデーやラム酒でも可。
シナモンパウダー … 2g
溶き卵…適量（つや出し用）

下準備
＊レーズンとカルヴァドスを合わせて3時間以上漬けておく。
＊りんごのソテーを1cm角に切る。
＊型にオーブンシートを敷く。
＊オーブンを190℃に予熱する。

作り方

1 冷凍パイシートをめん棒で厚さ2mmにのばし、型より少し大きめのサイズに切るⓐ。フォークで全体に穴を開け、190℃に予熱したオーブンで20分焼く。途中で浮いてきたらへらなどで押さえ、なるべく平らになるように焼く。

2 1を型の大きさに切り、型に敷くⓑ。

3 残りのパイシートは長さ2cmの切り込みを全体に入れⓒ、少し広げてⓓ、冷凍庫で休ませておく。

4 ボウルにバウムクーヘンをちぎって入れる。りんごのソテーを入れ、ゴムべらで混ぜる。

5 4にカルヴァドスに漬け込んだレーズン、シナモンパウダーを順に入れ、その都度混ぜるⓔ。

6 2の型に5を入れ、上からゴムべらでぎゅっと押さえるⓕ。

7 6の上に型の大きさに切った3をのせ、はけでつや出し用の溶き卵を塗りⓖ、190℃に予熱したオーブンで焼き色がつくまで30分ほど焼く。

アップルクーヘン（P96）の中身を丸めて、ココアパウダーをまぶすだけ。ほろ苦の小さなおやつ、ラムボールの完成です。

りんごのラムボール

材料 20個分

りんごのあっさりソテー（P63）… 150g
バウムクーヘン（市販）… 200g
レーズン … 30g
カルヴァドス … 20g
＊ブランデーやラム酒でも可。
シナモンパウダー … 2g
ココアパウダー … 適量

下準備

＊レーズンとカルヴァドスを合わせて3時間以上漬けておく。
＊りんごのソテーを1cm角に切る。

作り方

1　ボウルにバウムクーヘンをちぎって入れる。りんごのソテーを入れ、ゴムべらで混ぜる。

2　1にカルヴァドスに漬け込んだレーズン、シナモンパウダーを順に入れ、その都度混ぜる。

3　2を直径3cmほどに丸め、ココアパウダーをまぶす。

りんごの山椒パフェ

材料 グラス1個分

- りんごのキャラメルソテー（P63）… 2個
- りんごとバニラのコンポート（P52）のシロップ … 200g
- 板ゼラチン … 4g
- パイ生地（市販）… 適量
  ＊他のレシピで余ったものでもよい。
- りんごのプレーンジャム（P56）… 適量
- バニラアイスクリーム（市販）… 適量
- （好みで）粉山椒 … 少々
- バターサブレ（市販）… 1枚

下準備
＊板ゼラチンを氷水でふやかす。

作り方

1. 小鍋にコンポートのシロップを入れて中火にかけ、60℃まで温める。
2. ふやかしたゼラチンをぎゅっと絞って水けをきり、1に入れて混ぜ溶かす。容器に入れて冷蔵庫で冷やし固める。
3. グラスにパイ生地を砕いて入れ、その上にジャム、2のゼリーを適量入れ、バニラアイスクリームをのせる。好みで粉山椒をふる。
4. りんごのキャラメルソテーをのせて、バターサブレを添える。

コンポートやジャム、パイなどを作ったときの余った素材でできる和風パフェ。粉山椒をふると、味がグッと引き締まります。

りんごのウェルシュケーキ

ウェルシュケーキは、イギリスのウェールズ地方の伝統菓子です。ビスケット生地に砂糖やドライフルーツ、スパイスを加え、生地をのばして鉄板で焼く素朴なもの。ここでは、鉄板ではなくフライパンで焼きました。りんごは、できたら酸味の強いグラニースミスや紅玉を使ってください。

材料 10枚分

りんご（グラニースミスまたは紅玉）… 1/2個
＊上記の品種がなければ他の品種でも可。
A 薄力粉 … 100g
　グラニュー糖 … 30g
　アーモンドプードル … 40g
　シナモンパウダー … 小さじ1と1/2
　ジンジャーパウダー … 小さじ1
　塩 … 2g
バター（食塩不使用）… 70g
レーズン … 30g
全卵 … 40g
［仕上げ用］
バター（食塩不使用）… 10g
グラニュー糖 … 適量

下準備
＊バターを1cm角に切って冷凍庫に入れておく。
＊りんごは皮をむいて7mm角に切る。

作り方

1　**A**をフードプロセッサーに入れて攪拌するⓐ。

2　1に冷たいバターを入れて、バターがさらさらになるまで攪拌するⓑ。

3　2をボウルに移し、卵を入れてゴムべらでさっくりと混ぜるⓒ。

4　3に細かく切ったりんごとレーズンを入れてゴムべらで混ぜるⓓ。

5　4をひとまとめにし、ラップで包んでⓔ、冷蔵庫で30分ほど休ませる。

6　5をめん棒で厚さ8mmにのばしⓕ、直径6cmの菊型で抜くⓖ。

7　フライパンを温め、仕上げ用のバターを入れて溶かす。6を並べ、ふたはせず弱めの中火で3分ほど焼く。

8　7が膨らんで、うっすらと焦げ目がついたら上下を返しⓗ、ふたはせずさらに5分ほど焼く。

9　8が温かいうちにグラニュー糖をまぶすⓘ。

りんごの薄焼きパイ

材料 縦18×横23cmのもの1枚分

りんご … 1個
＊品種は問わない。
冷凍パイシート … 1枚
グラニュー糖 … 20g
バター（食塩不使用）… 適量
（好みで）アイスクリーム … 適量

下準備
＊オーブンを190℃に予熱する。

作り方

1 冷凍パイシートをオーブンシートにのせ、めん棒で厚さ2mmにのばしⓐ、20×25cmの大きさにする。

2 りんごは縦4等分にして芯を取り、皮つきのまま厚さ3mmにスライスする。

3 1のパイシートにフォークで全体に穴を開けⓑ、りんごを少しずつずらしながら重ねて並べる。

4 グラニュー糖の半量をふりかけⓒ、厚さ1mmに切ったバターを上にのせるⓓ。

5 オーブンシートごと天板に移し、190℃に予熱したオーブンで15〜20分焼く。

6 5を取り出し、上にオーブンシートをのせて上下を返すⓔ。

7 6が浮いてこないように天板を重ねてⓕ、10分焼く。天板がなければ、そのままでもよい。

8 7を取り出し、もう一度上下を返したら残りのグラニュー糖をふりかけるⓖ。端が焦げているようならアルミ箔で包みⓗ、さらに15分ほど焼く。

9 適当な大きさに切って器に盛り、好みでアイスクリームを添える。

薄切りにしたりんごを冷凍パイシートにのせ、砂糖をふって、さっと焼くだけ。材料はシンプル、作り方も簡単なお菓子です。天板で押さえて平らに焼き上げました。冷たいアイスクリームを添えると味も見た目も、より華やかになります。

酸味の強い紅玉と、甘みの強い王林でりんごのソルベを作りました。王林のソルベは仕上げにミントを散らしてさっぱりした味わいにしました。りんごによる味の違いをお楽しみください。

りんごのソルベ

材料 作りやすい分量

りんご（紅玉または王林）
　　　… 小さめのもの2個（400g）
＊上記の品種がなければ他の品種でも可。

A ┃ 水 … 200g
　┃ グラニュー糖 … 100g
　┃ レモン果汁 … 30g
　┃ 水あめ … 10g

ミントの葉（みじん切り）… 適量

作り方

1　Aを混ぜ合わせ、鍋に入れる。

2　りんごは上の部分1/5ほどを切り、内側に包丁で切り込みを入れるⓐ。スプーンで中身をくり抜き、1の鍋に入れるⓑ。

3　中身をくり抜いたあとのりんごは内側と切り口にレモン果汁（分量外）をまぶして変色を防ぎ、ラップで包んで冷凍庫で冷やす。

4　2の鍋を弱火にかけ、ふたはせず10分ほど煮る。紅玉のソルベをピンク色にしたい場合は皮も一緒に煮る。

5　4の粗熱が取れたらミキサーにかけてなめらかにする。皮を入れた場合は、ミキサーにかける前に取り出す。

6　5を保存容器に入れ、冷凍庫で冷やし固める。途中で数回スプーンでかき混ぜてなめらかにする。

7　3に6を詰める。王林のソルベにミントを散らす。

— 104 —

りんごのグリエ

お好みのりんごを半分に切り砂糖やバター、ナッツやドライフルーツ、ハーブをのせてオーブンでじっくりグリルしました。クランブルを散らすと、少しぜいたくなお菓子になります。ナッツやドライフルーツ、ハーブは、レシピ通りでなく、お好きなものでOKです。

材料 縦24×横18×高さ4.5cmの耐熱容器1個分

りんご … 4個
＊品種は問わない。
姫りんご（アルプス乙女）… 14個
A （あれば）クランブル（P91）… 適量
　バター（食塩不使用）… 30g
　グラニュー糖 … 50g
　くるみ … 30g
　レーズン … 20g
　ローズマリーの葉 … 1本分

下準備
＊オーブンを200℃に予熱する。
＊Aのバターを1cm角に切る。
＊Aのくるみを粗めに刻む。

作り方

1. りんごを半分に切り、芯をスプーンでくり抜く。姫りんごは一部を半分に切る。

2. 耐熱容器に1を入れる。Aを混ぜ合わせ、りんごの中央に盛って周りにも散らす。

3. 200℃に予熱したオーブンで30〜40分焼く。

基本の材料と少し珍しい材料

りんごのナチュラルスイーツ

「りんごのナチュラルスイーツ」では、焼き菓子の粉として薄力粉、全粒粉、米粉を使っています。薄力粉はできるだけ指定のものを使ってください。米粉、全粒粉はスーパーで手に入る一般的なものでも構いません。他の材料も同様です。

ドルチェ（国産薄力粉）
北海道産小麦100％の菓子用薄力粉。ふんわり仕上がりつつ、口当たりは軽くなりすぎず、しっとり仕上がるのがポイントです。小麦粉の風味が強いのも魅力。

菓子用全粒粉（薄力粉）
薄力小麦をまるごと挽いた全粒粉です。小麦の香ばしさとほのかな酸味、コクがあります。

製菓用米粉
新潟県産のうるち米を粉末にしたもので、粒子が細かいため小麦粉感覚でお菓子作りに使うことができます。ケーキを焼いたとき、適度に気泡が入るのでふんわりした食感に仕上がります。

植物性油（米油）
この章では木徳神糧の米油「こめしぼり」を使っています。国産米ぬかを原料とした油で、くせがなく、軽やかに仕上がります。

無臭ココナッツオイル
ココナッツオイルは植物性油では珍しく90％以上を飽和脂肪酸が占めるため、酸化に強いのが特徴です。ココウェルの「有機プレミアムココナッツオイル」を使っています。

ベーキングパウダー
富澤商店オリジナル。食品添加物、合成膨張剤、アルミニウムは不使用です。

てんさいグラニュー糖
北海道産のビート（てんさい）のみを原料として作られたグラニュー糖、「スズラン印 グラニュ糖」。漂白剤は不使用です。

てんさい糖（ビート糖）
北海道のビート（てんさい）を原料とした甘味料です。くせがなくスッキリとした味わいと、粉末状で溶けやすいところが気に入っています。お菓子やパン作りのほか、料理にも使えます。摂取後の血糖値の上昇割合が低いことからヘルシーな甘味料として注目されています。

メープルシロップ
カナダのデカセール社の「メープルシロップ」です。添加物不使用の純度100％。グレードはA。日本人好みのアンバーリッチテイストの品質です。風味とコクのバランスがよく、気に入っています。

皮なしアーモンドプードル
アーモンドパウダーともいいます。コクを出し、しっとり仕上げるため、焼き菓子によく使っています。この章の焼き菓子の決め手といってもいい素材です。

ヴィーガンチョコレート
健康フーズの「DANDY CLASSIC 85」です。乳化剤、香料不使用で砂糖はビートグラニュー糖使用。カカオマス成分85％のビターなチョコレートです。

基本の材料と少し珍しい材料

エレガントなりんごのお菓子

「エレガントなりんごのお菓子」では、焼き菓子の粉として薄力粉2種と強力粉を使っています。指定のブランドのものである必要はありませんが、違うブランドのものを使うと風味や食感などは変わります。

エクリチュール（薄力粉）

フランス菓子の味を実現しようと、フランス産小麦粉を100%使用して開発された、中力粉に近い薄力粉です。粒子が粗くサラサラしてダマになりにくいのが特徴。焼き上げるとホロホロと優しく崩れる食感で焼き菓子にぴったりです。この章では「りんごの3色タルト」（P71）、「タルト・ノルマンディー」（P76）に使っています。他の薄力粉でも作れます。

ドルチェ（国産薄力粉）

北海道産小麦100%の菓子用薄力粉です。ふんわり仕上がりつつも、薄力粉にしてはたんぱく質量が多いため、口当たりが軽くなりすぎず、しっとり仕上がるのが特徴です。小麦粉の香ばしい風味が強いのも魅力的。エクリチュールを使うもの以外はこの薄力粉を使っています。

スーパーカメリヤ（強力粉）

主にパンを作るときに使用する小麦粉ですが、弾力のある歯ごたえと、ざっくりした食感を出したくて「りんごのキャラメルパウンドケーキ」（P64）、「パンドジェンヌ」（P78）、「りんごのシュトゥルーデル」（P80）、「りんごとドライフルーツのクラシックケーキ」（P82）に使用しています。

アーモンドプードル

アーモンドパウダーともいいます。アーモンドを粉末状にしたもので、しっとりさせたり、コクを出したり、少し香ばしさを出したいときに使います。「りんごの3色タルト」（P71）、「りんごとローズマリーのクランブルチーズケーキ」（P90）、「りんごのウェルシュケーキ」（P100）に使っています。

微粒子グラニュー糖

この章のお菓子に使う砂糖は、すっきりした甘さが気に入っているので、ほとんどが微粒子グラニュー糖です。もちろん上白糖でもかまいません。上白糖を使うとややこっくりとした甘さに仕上がり、焼き色も少し濃くなります。

パイシート

「りんごのごろごろタタン」（P66）、「定番タルト・タタン」（P68）、「アップルクーヘン」（P96）、「りんごの薄焼きパイ」（P102）に市販のパイシートを使用しています。お好みのものならなんでもいいですが、私は「ベラミーズの冷凍パイシート」がお気に入りです。

ローズティー用ドライローズ

「りんごのバラのコンポート」（P53）や「りんごとバラのジャム」（P57）の香りづけに、ローズティー用ドライローズを使用します。本書ではダマスクローズを使っています。

ローズエッセンス

「りんごのバラのコンポート」（P53）や「りんごとバラのジャム」（P57）の香りづけに、バラから抽出した精油をベースにしたローズエッセンスを使用します。この章では富澤商店のものを使っています。

カソナード

「タルト・ノルマンディー」（P76）や「りんごのシブースト」（P84）に使用するカソナードは、精製されていないサトウキビ100%から作られた砂糖です。はちみつやキャラメルのような香りやコク、風味が特徴です。この章ではフランス産の「ラ・ペルーシュ カソナード」を使用しています。

カルヴァドス

「カルヴァドス」は、フランス・ノルマンディー地方のカルヴァドスとその近辺で製造されるりんごのブランデーのことです。「りんごのキャラメルパウンドケーキ」（P65）や「りんごとドライフルーツのクラシックケーキ」（P82）などで使っています。

この本で使った基本の道具

計量スプーン
大さじ（15㎖）、小さじ（5㎖）のふたつがあれば大丈夫です。

ボウル
ひとつのお菓子の中で粉を混ぜる作業と液体を混ぜる作業が出てきますので、ふたつあると便利です。

電子スケール
分量をより正確に量れるので、できれば電子スケールを用意しましょう。

フードプロセッサー
「りんごの3色タルト」（P71）、「タルト・ノルマンディー」（P76）、「りんごのシブースト」（P84）の生地を作るのに使用。手で混ぜるよりも早く適確に混ぜられるので、お菓子作りがぐっと楽になります。

泡立て器
「りんごのナチュラルスイーツ」では、粉類を混ぜるときや、粉類と液体を混ぜるときに使います。「エレガントなりんごのお菓子」では主に生クリームを泡立てるときに使います。

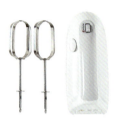
ハンドミキサー
「エレガントなりんごのお菓子」で卵や生クリームをしっかり泡立てるときに使います。手で泡立てることもできますが、あると便利ですし、お菓子作りのハードルが下がります。

ハンドブレンダー
「りんごのナチュラルスイーツ」で材料を混ぜるとき、「エレガントなりんごのお菓子」で「りんごのプレーンジャム」（P56）を作るときなど、材料を攪拌してペースト状にするときに使います。ミキサーでもOKです。

木べら
「エレガントなりんごのお菓子」で固めのバターを柔らかく練るときに使います。

ゴムべら
材料を混ぜたり、すくいあげたりするときには弾力のあるゴムべらを使います。小サイズのゴムべらもあると、少量の材料でも作業しやすいので便利です。

スパチュラ
クリームを塗るための道具です。藤沢さんは、お菓子の大きさや塗る分量などに合わせて3本持っていますが、もしもこれから1本目を買うという方は、30cm程度の中サイズのものをおすすめします。

温度計
左）ガラス棒状の200℃まで測れる料理用温度計です。右）赤外線放射温度計。−30〜550℃まで測定可能です。早く正確に測れるので、温度を測ることの多い「エレガントなりんごのお菓子」を作る場合は、ひとつあると重宝します。

オーブンシート
天板に敷いたり、型からお菓子を取り出しやすくするために、型に敷き込んだりします。

シルパン
藤沢さんは洗って繰り返し使えるオーブンシート「シルパン」を愛用しています。メッシュ状になっているので熱の通りがよく、生地がきれいに焼き上がります。

星口金
「りんごとバラのジャムのヴィエニーズワール」（P60）や「りんごのキャラメルクリームショートケーキ」（P92）に使用します。同じ口金がなければ、他のものでも作れます。

この本で使った主な型

パウンド型

縦15×横7×高さ6cmのパウンド型を「りんごのタタン風ケーキ」(P26)に、縦18×横7.5×高さ6.5cmのパウンド型を「りんごのキャラメルパウンドケーキ」(P65)、「定番タルト・タタン」(P68)、「りんごとドライフルーツのクラシックケーキ」(P82)、「アップルクーヘン」(P96)に使用しています。

タルト型

直径18cmのタルト型を「りんごのクランブルタルト」(P23)に使用しています。

菊型

直径6cmの菊型を「アップルパイ」(P74)の上に飾る葉を作るのに使用しています。なくても包丁で切り抜くなどして作れます。

丸型

直径15cmの丸型を「パンドジェンヌ」(P79)、「りんごのキャラメルクリームショートケーキ」(P92)に、直径12cmの丸型を「りんごとローズマリーのクランブルチーズケーキ」(P90)に使用しています。

マフィン型

口径7.5cmのマフィン型を「りんごとキャラメルナッツのマフィン」(P16)に使用しています。

クグロフ型

直径14×高さ8cmのクグロフ型を「りんごとドライフルーツのクラシックケーキ」(P82)に使用しています。パウンド型でも作れます。

タルトリング（小）

直径7×高さ1.6cmのタルトリングを「りんごのシブースト」(P84)に使用しています。

タルトリング（大）

直径18×高さ2cmのタルトリングを「りんごの3色タルト」(P71)に使用しています。もちろん、お手持ちのタルト型でも作れます。

キャドル

18cm四方のキャドルを「りんごとスパークリングワインのムース」(P85)に使用しています。

パイ皿

口径18（底径15）×高さ1.7cmのパイ皿を「アップルパイ」(P74)に使用しています。

卵・白砂糖・乳製品なしの りんごのナチュラルスイーツ

　子どもの頃、秋から冬にかけて欠かさず家にある果物といえば、りんごでした。初めて包丁を使ったのも、りんごの皮むきから。りんごを手でクルクルと回しながら、できるだけ皮を薄くむいて、丸い形をキープする。これが、母から教わった料理の最初だったかもしれません。

　私は冬が苦手。でも、りんごは寒い季節の中でも幸せなシーンを代表する果物だと思います。冬の日差しが差し込む暖かい部屋で、テーブルに温かいお茶とお菓子を用意して、膝にブランケットをかけて、おやつの時間をゆっくりと味わう。まさに至福のひとときです。

　この本では、りんごの薄焼き米粉タルトやアーモンドケーキ、ターンノーバー、ビネガーキャラメリゼソテーなど、私のお気に入りのお菓子をたくさんご紹介しています。

　りんごのお菓子を考えているときに、編集さんから、「ぜひ、りんご飴を」と言われたとき、「これは小ぶりな姫りんごで作るべき」と思いました。小さいサイズが飴にぴったりだし、何より見た目がかわいらしい。シンプルなお菓子だけに、てんさいグラニュー糖のやさしい甘さとりんごの酸味の絶妙なバランスが楽しめます。ぜひお試しください。

　旬の果物を使ったお菓子作りは、五感が満たされます。皆さんにも幸せな時間が訪れますように。

今井ようこ

フランス菓子ベースの エレガントなりんごのお菓子

　私が好きなりんごのお菓子は、タルト・タタンです。初めて作ったのは中学生のとき。あんなにたくさんのりんごを重ねたのに、焼いている間にどんどん小さくなり、直径18cmのでき上がりのはずが、12cmほどになってしまいました。「こんなに手間と材料がかかるお菓子なのか」と驚いた思い出があります。

　ふじやシナノゴールドなどの一般的なものから、紅玉や名月などの旬が短いもの、はるかやピンクレディーなどちょっと珍しいものまで、さまざまな品種が店頭に並んでいるのを見るとワクワクします。

　今回、スタッフさんたちとりんごの食べ比べをして、グラニースミスのおいしさに目覚めてしまいました。固くて酸味が強いので、海外ではクッキングアップルとも呼ばれ、主に調理用として使われています。でもそのまま食べてもおいしいのです。歯ごたえがよくて果汁が多く、爽やかな酸味の中にちょうどよい甘みが感じられます。機会があればぜひお召し上がりください。

　本の中で特に作っていただきたいのが、「りんごのグリエ」（P105）です。家族が好きで、よくリクエストされていたのですが、お菓子にしてはシンプル過ぎて、実はあまり作る気が起きませんでした。皆さまにご紹介するからにはとびきりおいしいものを！ と、レシピの研究を重ね、いろいろな種類のりんごにハーブやナッツを加えたところ、「なんておいしいの！」と、自分でもびっくりするほどのお菓子が完成しました。

　この本が、皆さまがお菓子作りの楽しさを知る1冊となりますように！

　　　　　　　　　　　　　　　　　藤沢かえで

今井ようこ（いまい・ようこ）

サザビー アフタヌーンティーの企画開発を経てフリー。企業との商品開発のほか、マクロビベースの料理教室roof主宰。著書に「お菓子づくり」シリーズ（共著）、『体にやさしいひんやりおやつ』（ともに誠文堂新光社）、『Roofのごほうびクッキー』（文化出版局）、『まいにち食べたいヴィーガンスイーツ』（エムディエヌコーポレーション）ほか。

藤沢かえで（ふじさわ・かえで）

イル・ブルー・シュル・ラ・セーヌフランス菓子本科・卒業研究科修了。パリEcole Ritz Escoffierにて本場のフランス菓子を学ぶ。サロンスタイルのお菓子教室l'erable主宰。著書に「お菓子づくり」シリーズ（共著、誠文堂新光社）がある。

材料協力
株式会社富澤商店
オンラインショップ　https://tomiz.com/
電話番号：0570-001919

器協力
Cherie love&happy
〒152-0023
東京都目黒区八雲4-5-2　リストレジデンス八雲1F
Instagram:cherie.love.happy

UTUWA
〒151-0051
東京都渋谷区千駄ヶ谷3-50-11　明星ビルディング1F
電話番号：03-6447-0070

撮影	邑口京一郎（カバー、りんごのナチュラルスイーツ）、中垣美沙（エレガントなりんごのお菓子）
スタイリング	曲田有子
デザイン	高橋朱里（マルサンカク）
校正	安久都淳子
調理アシスタント	池田香織、古庄香織、粕谷裕子
編集	斯波朝子（オフィスCuddle）

アップルバターからタルト・タタン、アップルパイ、
シブースト、アップルクーヘン、りんご飴（あめ）まで

りんごのお菓子（かし）づくり

2024年9月12日　発　行　　　　　　　NDC596

著　者	今井ようこ、藤沢かえで
発行者	小川雄一
発行所	株式会社 誠文堂新光社
	〒113-0033 東京都文京区本郷3-3-11
	電話03-5800-5780
	https://www.seibundo-shinkosha.net/
印刷・製本	TOPPANクロレ 株式会社

©Yoko Imai, Kaede Fujisawa. 2024　　　　　Printed in Japan
本書掲載記事の無断転用を禁じます。
落丁本・乱丁本の場合はお取り替えいたします。

本書の内容に関するお問い合わせは、小社ホームページのお問い合わせフォームをご利用いただくか、上記までお電話ください。
本書に掲載された記事の著作権は著者に帰属します。これらを無断で使用し、展示・販売・レンタル・講習会等を行うことを禁じます。

JCOPY《（一社）出版者著作権管理機構 委託出版物》
本書を無断で複製複写（コピー）することは、著作権法上での例外を除き、禁じられています。本書をコピーされる場合は、そのつど事前に、（一社）出版者著作権管理機構（電話03-5244-5088/FAX 03-5244-5089/e-mail:info@jcopy.or.jp）の許諾を得てください。

ISBN978-4-416-52405-3